Regnbuepyttene

Chand Svare Ghei

Regnbuepyttene

Chand Svare Ghei

Bok 3

Førsteutgave © 2012 Chand Svare Ghei

Grafisk design:
Chand Svare Ghei

Coverbilde/fotoillustrasjoner:
Viola Depcik

Distribusjon:
www.chasvag.com

Utgitt på eget forlag

www.chasvag.com – e-post : don_chand@chasvag.com

ISBN ISBN 978-82-998681-4-3 (trykt)
ISBN ISBN 978-82-998681-5-0 (e-bok)

På tross av de forferdelige hendelsene 22. juli 2011
så har jeg valgt å la fortellingen «Terror i Oslo» bli
publisert i denne boken. Førsteutkastet ble skrevet i
2006 som en tankeboble om noe lignende 9/11, som en
del av mitt innspill til Voksenopplæringens filmskole i
Oslo, skulle skje i Norge. Lite visste jeg at min fantasi
skulle komme til kort og på ingen måte kunne måle seg
med den virkelige tragedien som rystet vårt land.

Spesiell takk til:
Gunn Marit Kaizer Nisja, som har skrevet et flott forord.
Jan Håvard Bleka, som har rettet alle feilene mine.
Viola Depcik, som står bak forsideillustrasjonen.
Kari Hansen Mortenstuen og Marie Bunes for verdifulle tips og råd.

Takk til:
Susanne, Helge, Dierk, Arne, Tine, Ana Jasmin, Bulf, Kristian, Kai, Birger, Sven, Hans-Jürgen, Andreas, Torbjørn, Arve, Thomas, Edward, Linda, Olve, Kim, John Erik, Kari, Agnieszka, Johnny, Tore, Kim, Tone, Liza, Jarle, Daniel, Ole Børge, Morten, Jarl Yngve, Bjørn, Ixchell, Silje, Steve, Liyanne, Sonata, Klaus, Thale, Paul, Wenche, Tove Maria, Hilde, Kian, Szilvia, Marion, Tom Erik, Rune, Britt og Kari.

Og den person som fikk meg til å innse at jeg selv måtte ta tak i selve livet for å virkeliggjøre mine drømmer. Denne boken er et produkt av mine livsdrømmer.

Forord

Første gang jeg kom i kontakt med Chand Svare Ghei var det gjennom en felles venninne som sa at han var så «fin å snakke med om slike åndelige ting». Jeg ble nysgjerrig – hun fikk rett.

Chand er fin å snakke med – mer som en guru enn som et medmenneske. Svarene jeg har fått på mine følelsesmessige utlegninger og spørsmål har vært underlig klarsynte. La oss si det slik at han virker for å ha et perspektiv høyt oppe fra. Det skinner også klart og fargerikt igjennom i Chands regnbuepytter.

Sigmund Freud sa i ett av sine mer melankolske essay at «skjønnhet har intet åpenbart bruksområde, ei heller noen klar kulturell nødvendighet. Likevel hadde ikke sivilisasjonen klart seg uten den.»

Og skjønnhet er det mye av i Chands bisarre historier. Skjønnhet og visdom som fra et glassmaleri i en middelalderkirke. Så er det slik at skjønnheten hadde vært meningsløs uten sitt motstykke.

Chand Svare Ghei kjenner det mørke like godt. Eller la oss like gjerne kalle det det heslige, det motbydelige. Sånn er nå verden en gang, og veien er kort fra fryd til bakrus. Chand speiler verden i regnbuepyttene sine, og alt får være med, fra den høyeste, reneste kjærligheten til den minste pøl av oppkast.

Mange ganger føler jeg i Chands skriving, at han tolker drømmene mine, også dem jeg ennå ikke har hatt.

Modum, 6.9.2012
Gunn Marit Nisja

WHAT KEPT YOU?

«It seemed like a good idea at the time.»

Det var allerede begynt å bli sent. Vissheten om at snart var skumringen her, naget ham. Det ville bli vanskelig å se, komme seg fram og finne veien videre.

Var han ikke snart framme?

Han hadde tråkket hele dagen – gått og gått. Kroppen hans var ikke lenger vant med anstrengelsen. Han hadde ønsket å legge seg ned og gi opp mange ganger, men han kunne ikke; han hadde ofret alt for denne reisen. Lagt alt bak seg – det var for sent å snu.

Vinden blåste lett og kjølig over ham. Det var sensommer. Kanskje høst allerede? Han snudde seg og beskuet landskapet. Han var ganske høyt oppe og kunne se utover – langt. Han var omgitt av uendelige rekker med majestetiske fjell, noen hadde han passert i løpet av dagen.

Det var ikke mulig å se helt tilbake til det punkt der han startet. Det virket som så langt unna at han trodde nesten ikke sine egne øyne. Var det virkelig mulig å gå så langt i løpet av en dag? Han hadde lest en gang i sin barndom at Biggles hadde tilbakelagt 90 kilometer på en dag i ørkenen. Hvor mye var egentlig 90 kilometer? Var det særlig sannsynlig at noen kunne tilbakelegge en sådan distanse på kun en dag? Eller var det bare oppspinn?

Benene fortsatte videre – oppover mot toppen av fjellet. Stivheten presset i leggene. Melkesyre – utslag av at kroppen ikke klarte å ta opp nok oksygen.

Skumringen kom sigende. Det underlige lyset trollbandt ham – gjorde ham nervøs.

Hva om han ikke kom fram? Fram til hva? Var det galskap det han drev med? Det hadde virket så nødvendig og viktig der i den vanlige verdenen, det at han måtte legge alt fra seg og dra ut på denne ferden.

Men hadde han egentlig noen anelse om hva han gjorde? Etter en dag med harde anstrengelser tonet virkeligheten seg underlig annerledes. Alt ble liksom latterlig fjernt. Var han i ferd med å mistet grepet? Ville han bare gå seg vill, utmattet og til slutt falle sammen og dø?

Skumringen sådde tvil, tvilen sådde angst, angsten vokste og melkesyren bredde seg ubønnhørlig og nådeløst utover.

Han snublet – famlet rundt seg. Så ikke hvor han var, kunne ikke skimte noe som helst.

Pytt 690

Klamydias datter

«Jeg har fylt min kvote av ensomme dager.»

Så veldig alene i rommet, bare opplyst av tre stykk levende lys som kjempet mot skumringen, satt hun og beundret sin egen kropp. Skulte på den med mistenkelige smale øyne – med pupiller som skrek etter mer lys.

Hun satt foran speilet og flottet seg. Eller gjorde hun egentlig det? Hva var det egentlig hun drev på med? Hun bare satt der og så på seg selv – stellet og sullet uten for mye spinn og tanker. Hun følte seg ensom, men hun var jo ikke alene. Hun så ned på seg selv – lot armene stryke nedover seg.

Ned over den lille. De var sammen – i perfekt symbiose.

Men hun savnet *ham.* Hun skulle ønske han kunne ha vært her sammen med dem. Hvorfor måtte han være så uendelig langt borte?

Hun sukket, men så kjente hun den lille bevege inne i seg og smilet kom fort tilbake. Så underlig herlig det var å sitte og kjenne det lille liv, inne i henne, at de var sammen.

Det var den beste følelsen hun hadde kjent noen sinne. Bare den kunne forbli her hos henne for alltid – at den lille aldri ble stor. Hun visste at det var det hun ville. Hun visste at det var det hun skulle. Nå ville hun aldri bli ensom igjen.

Aldri.

Pytt 94

I can feel your breath close to me.

Into the infinity of the Ocean.
It reflects my thoughts about us.

I shiver when I sense your scent.

We know we are separated,
far away from each other.

Maybe we will meet one day.

My heart feels your warm touch.

Maybe the distance only
is real in our minds?

Pytt 882

Skudd

«Fortsett alltid å drømme, lev alltid ut drømmene.»

Det var mer enn irritasjon som fylte henne: et slags indignert, oppbygd sinne som boblet over. Etter å ha gitt alt hun hadde – gjort alt rett – så fikk hun likevel ingenting i retur.

Hun satt irritert på kontoret hans. Det var *hennes* kontor, *hennes* stilling. Hun hadde fungert for den fratrådte Hermansen i et halvt år nå og hun hadde forventet at ledelsen ville la henne få beholde setet – at hun fikk bli der. Men bak hennes rygg hadde de altså funnet denne jyplingen av en BI-utdannet jævel som smilte sleskt mot henne og spurte:

- Kan du gi meg en gjennomgang av personellet?
- Hva slags gjennomgang?

Han grimet til. Det nye kontoret hans var lite, altfor lite for en som ham. Hvordan kunne ledelsen finne på å overføre ham i en såpass elendig stilling? Ikke engang sørge for et skikkelig kontor.

Men det var ikke bare størrelsen det var noe feil med. Kontoret egnet seg ikke. Interiøret var usmakelig; det så ut som en barnehage. Han gremmet seg. Her ville han ikke bli sittende lenge. Det var viktig å komme opp med noe, samme hva det var, bare han kunne forsvinne i en fei.

- Fortell meg om menneskene, hva og hvem de er.
- Har du sett igjennom papirene?
- Ikke ennå, gi meg nå først en oversikt over personellet.

Kvinnen foran ham ergret ham intenst. Hvem trodde hun at hun var? Kunne hun ikke bare gi svar på tiltale istedenfor å komme med motspørsmål? Ikke virket hun til å være typen som ville skjønne et, eller flere hint, heller. Han bestemte seg resolutt for å bli kvitt henne så raskt som overhodet mulig.

- Først har vi de fem som har kontor og tilhørighet her og jobber her
  fast. Det er Arne Bendik Hansen, en av de fra den gamle garde. Litt
  problemer med å omstille seg til alt det nye, men kompenserer med å gi
  avdelingen stabilitet ved å fylle opp oppgaver andre normalt forsømmer.

Fordi de er bortkastede, tenkte han.

- Videre har vi Sturla Johnson, han er svensk, selvfølgelig.
  En arbeidsglad kar med masse humor og oppspinn.

For å kompensere for elendig arbeid, tenkte han.

- Erlend B. Jensen er avdelingens feinschmecker, alltid korrekt og stilig kledd.
  Oppfører seg alltid fremragende. Det eneste man kan si på han er at det er
  ingen her som kjenner Erlend noe nærmere; han holder alltid perfekt avstand,
  og det er ingen som vet hva B-en i navnet hans betyr.

Sjekk med folkeregisteret, din dumme kjerring, tenkte han; *endelig en person som kunne brukes til noe.*

- Hanne Lego Devinsen er kvinnens svar på Rocco. Hun spiller
  selvfølgelig ikke inn pornofilmer, men hun ser sånn ut. I virkeligheten
  er hun den hyggeligste dama jeg kjenner. Snakk om motsetninger.

Et naivt nurk, hun kan kanskje brukes til noe, tenkte han. Han kjente gifteringen gnage på fingeren.

- Anita Ynglehaug er siste jenta på laget, hun virker noe sjenert,
  men er ei grei jente bare du blir kjent med henne. Hun har jobbet
  her nesten like lenge som Arne Bendik og av en eller annen
  grunn, som vi ikke kjenner til, kommer de dårlig overens.

26

Han har sikkert vært på ha, tenkte han, *kanskje det er sjanse for meg også?* Han prøvde å overse at ringen strammet litt til.

- Deretter har vi meg, samt fem til ti kontraktører som ikke jobber fast, men som vi binder til oss når vi har behov for ekstra arbeidskraft. Til slutt har vi fem faste stillinger som jobber på andre lokasjoner. Jeg innehar ikke mye info på dem bortsett fra det som er i mappa.

Hun fortalte, kort og lite, minst mulig innenfor rammene hun kunne slippe unna med, ville ikke gi sjefen for mye fortrinn. Hun unnlot rått og galt å fortelle at Arne Bendik var homo, at Sturla var notorisk kokainmisbruker, at Arne Bendik og Anita hadde vært tidligere gift, at Hanne faktisk spilte inn pornofilmer i smug og ikke minst at hun hadde hatt en kort, men het affære med Erlend som hun skulle ønske gjentok seg. Hun unnlot også å fortelle at hun faktisk hadde satt seg meget inn i de forskjellige kontraktørene og de som arbeidet ute. Hun visste det meste, men hun skulle bruke denne viten notorisk til sin fordel.

- Takk.
- Er det noe mer?
- Jeg vil at du rydder ut av kontoret til i morgen.
- Det er jo allerede ryddet.

Han la ut en detaljert lekse om hva han ønsket endret, deretter forlot han kontoret etter å ha gitt klar beskjed om at han forventet alt ordnet til neste dag.

Hun satt igjen, måpende. Skulle hun bruke resten av dagen på hva? Hun skjønte at dette luktet av problemer, ha en sjef som ikke orket å sette seg inn i papirer og reglement, men forlangte noen andre – henne – til å levere sammendrag før han tok avgjørelser.

Selv om det ville ha den bakdelen at det var hun som måtte gjøre alt arbeidet og han ville få all æren, kunne hun kanskje også dra nytte av det? Hvis hun kunne lære seg å forutse hans fokuspunkter, kunne hun villede ham, dreie ham og lure ham i stry til å ta de avgjørelsene hun ønsket – dårlige avgjørelser som til slutt ville sette ham i et elendig lys blant ledelsen. Kunne det være løsningen for at hun til slutt skulle få sjefstolen for seg selv?

Hun kjente at et lite stikk av iver varmet legemet hennes. Hun kastet seg over mappa hans, studerte metodisk hver eneste detalj, før hun startet på ominn-redningen. Kunsten var å få kontoret til å bli omtrent slik han ønsket seg, men likevel få integrert inn en og annen vanskelig definerbar feil til skjult irritasjon sånn at han aldri ville føle seg helt komfortabel der.

Hun ble litt glad og nynnet for seg selv da Erlend kom inn.

Hun ble som vanlig truffet av hvor stilig han tok seg ut, kledd til perfeksjonisme.

Erlend viftet med hånden på en måte som fortalte henne at han ville hun skulle fortsette med det hun dreiv med. Han stod stille og betraktet henne mens hun tok til arbeidet. Hun følte seg litt ille til mote på den måten, men lot som ingenting.

Det pinlige i øyeblikket gikk fort over og snart nynnet hun igjen, da Erlend avbrøt henne.

- Det kjennes kjipt ut, ikke sant?

Hun var ikke vant med at han snakket rett fram og brukte sådanne ord.

- Hva?
- Alt du har slitt for å få sjefstillingen permanent bare for å bli
  nedverdiget av en ung faen som ikke bryr seg i det hele tatt.

Hun ble mer og mer overrasket over språkbruken, men også at han tok ting rett på kornet.

- Vel, det er jo ledelsens valg.
- Du vet, Camilla, uansett hvor mye du sliter så vil du aldri få den stillingen.
- Hvordan vet du det?

Han flyttet den venstre pekefingeren mot henne, så henne strittende, rett i øynene.

- Samtidig finnes det ingen bedre kvalifisert enn deg.
- Ja men da ...
- Problemet er at ledelsen ser på sjefstillingen som ovenfor ditt
  kvalifikasjonsområde, samt at de har problemer med at du er kvinne.
  Babyface her, derimot, har de rått plassert i en stilling under hans vurderte
  kvalifikasjonsnivå. På den måten innbiller ledelsen seg at de oppnår
  størst gevinst, ved å aldri la noen bli fornøyde, men bare hige etter mer.

Hun kjente et stikk av glede av at Erlend forstod henne, samtidig hørtes det ærlig smertefullt ut, at hun aldri ville få sjansen.

- Hva skal jeg gjøre da?
- Gå opp til dem og fortell dem akkurat hvordan du føler, altså kanskje ikke intimt altså, men at det er din stilling og at hvis du ikke får den, kan de finne noen annen.
- Men, men det tør jeg jo ikke, da blir jeg jo arbeidsledig.
- Neida, de vil ikke la det gå så langt.

Plutselig fikk Erlend det travelt og sa stutt at han må gå og forsvant ut av døra. Han løp nedover korridoren.

Hun satt undrene igjen. Kjente at det trygge stikket straks var i ferd med å fylles med usikkerhet. Skal hun virkelig høre på Erlend? Tenk om det virker? Men tør hun?

Nei ...

Ja ...

Hun forlot rommet og spaserte bortover.

*

Anita var i ferd med å gjøre seg ferdig for dagen. På vei ut hørte hun mindre behagelige lyder fra herretoalettet. Hun banket på, fikk ikke svar, brøt seg inn.

Hun fikk øye på Erlend som lå over toalettskåla og spydde. Det overrasket henne på en underlig ubehagelig måte, det passet seg rett og slett ikke for ham.

Hun satt på huk med ham i en halvtime og hjalp ham på beina. De snakket litt om løst og fast, men kom egentlig aldri noen vei. I en underlig, ujevn harmoni forlot de begge jobben.

Erlend dro hjem; han karret seg, som om det var en utrolig kraftanstrengelse, over dørkarmen, for så å falle pladask i senga.

*

Det er et stort, slimete grønt monster som vil spise ham – fortære ham. Monsteret lukter forferdelig. Det legger seg oppå ham og skal til å gyve tak i ham.

Han skriker, skriker, men istedenfor et skrik kommer en skjærende alarm. Alarm?

Han våknet av telefonen.

- Det er Hanne.
- Hanne?
- Ja, jeg ... jeg hørte det som skjedde?
- Hva da?
- At du hjalp Camilla. Hun fikk tilbake sjefstillingen.
- Ja?
- Hun fortalte alt, du trenger ikke å leke uskyldig – det finnes et medmenneske i deg likevel, Erlend, men hvorfor gjemmer du det i deg?
- Hmmm.
- Jeg har savnet deg; kan vi treffes?
- Jeg har savnet deg, også.
- Virkelig?
- Ja.

De avtalte å møtes ute for en bedre middag. Erlend visste ikke hva han skulle tro. Ville det bli vanskelig? Ville de egentlig ha lyst på mat? Mer trøbbel enn det var verdt? Han var redd for det, likevel, han måtte prøve.

Det var noe som hoppet opp på ham. Som gned seg mot ham og mjauet. Han smilte. Det var altså monsteret, lille Pipsegullet som han hadde glemt å gi mat.

Han hadde glemt å kjøpe inn kattemat! Det lignet ham ikke. Selv om de ikke omgikk hverandre på fritiden, hadde han møtt Sturla noen ganger i nabolaget. Han bodde ikke langt unna og han hadde minst en katt – muligens flere. Han besluttet å ringe for å høre om han kunne låne litt fôr.

Sturla var overrasket, det lignet ikke Erlend å involvere seg utover det profesjonelle, men svarte positivt. Sju minutter senere ble han nok en gang overrasket da han tro inn i Erlends leilighet. Han lot blikket flyte over leiligheten, det var ikke tull med Erlend. Leiligheten lyste av samme perfeksjonisme og smak som bare kunne være Erlend. Dette, i seg selv, skremte Sturla og ga ham en fornemmelse av ubehag, men ikke mer enn at han takket ja til tilbudet om en cappuccino som raskt ble til to.

De satt ute på verandaen og nøt livet. De diskuterte om løst og fast som folk gjør når de egentlig ikke har noe å snakke om. Sturla følte seg merkelig vel på tross av Erlends feinschmeckeri. Det var dagens hat-trick-overraskelse for ham: vanligvis var slike overklassemennesker noe Sturla fant kvalmene; det var som om Erlend var naturlig og ærlig selv om han var stivpyntet og alltid ordla seg korrekt.

De fant hverandre i musikken og endte opp med å diskutere og høre på alle aspekter av den nye skiva «Washing Machine» av Sonic Youth. Dette bandet som spekulativt voldtok gitarer og spilte så skittent og jævlig at kun virkeligheten satte grenser; til slutt ble de til de grader garva i kunsten å spille stygt at de hadde fått til et album som fortonet seg til en vakker symfoni av støy – kun for kjennere, naturligvis.

Pipsegullet var også lykkelig for å få mat, og etterpå hoppet hun opp på fanget til Sturla. Sturla simpelthen elsket katter, noen ganger lurte han på om han egentlig passet bedre som katt enn som menneske – ja, faktisk ganske ofte drømte han seg bort og ble katt sammen med andre katter – de fleste andre mennesker kunne ikke fatte det.

Det var fortsatt tidlig på dagen da Erlend dro ned til sentrum. Stakk innom sprøyterommet. Tok seg et skudd.

Kjente at uroen dro ut av ham.

Det var bruddstykker av drømmer, mennesker, hendelser, farger, ord ... tanker som for igjennom ham, stoppet opp som i sakte film. Han kunne kjenne kroppen. Kjenne energi flyte i den, ut av den – tankene oppløste seg, bildene fløt sammen. Han var lett ...

Fly, han kunne fly hvis han ville – som da ... nei, han var trøtt, ville ikke fly ... ville slappe av i en sky ... Han oppløste seg og ble en hop av damp ... Deilig ... befriende.

Han seg, han steg.

31

Tok seg sammen igjen og forlot plassen. Personer som så ham komme ut derfra ville aldri kunne tenke seg til at han var en av pasientene. Han tok seg bedre ut og var bedre kledd enn de som jobbet der – ja – faktisk bedre enn de som bestemte over dem som jobbet der.

Erlend plystret på en gammel vise: Kjell Lunds «Her kommer guttemusikken», som hans bestefar hadde lært ham.

Han skulle treffe Hanne.

«Jeg ønsker kun en ting, verken balanse

eller rettferdighet, kun harmoni.»

Hvor befant han seg egentlig? Han var ikke våken? Han drømte ikke? Likevel var han, til stede, et eller annet sted eller ikke-sted. Rett og slett fordi eksistensen vår er meget mer komplisert enn det lille utsnittet som vi mennesker oppfatter.

Det fantes ikke noe av det begrensede sansefeltet, lysspekteret, lydspekteret og luktspekteret mennesker er fanget under. Den lille, emosjonelle kroppsmaskinens trange oppfattelsesevne av virkeligheten slet på høygir.

Hadde han skadet seg fysisk? Psykisk? Sjelelig?

Det eneste han lette etter, det eneste han egentlig noen gang hadde higet etter var harmoni, mellom kropp, sjel og ånd.

Hadde han endelig funnet det? Var han i det hele tatt noen skritt nærmere å demaskere dette udefinerbare han lette etter, eller hadde alt vært forgjeves?

Pytt 909

Litt for liten

«Øyvind het han, og gråt da han ble født.»

I motsetning til sitt sidespark i boka «Ein glad gut» stoppet han ikke å gråte; gleden kom ikke til ham. Hans mamma holdt ham tett inntil seg, varmet ham, trøstet ham. Kjærlig, full av kjærlighet. Time etter time. Dag etter dag. År etter år. Da han hadde kommet i midten av sitt fjerde år, lå han med ett på gulvet og lo uhemmet – til alles sjokk og glede.

Det var en glede, men var aldri ment å vare. Noen ganger fungerte ting best når de ikke var så bra.

I fravær av noe bedre sted satt de på soverommet. Soverommet var felles for ham og de to foreldrene. De bodde i ei lita hytte og rommet ga dem avstand, frihet fra de voksne som lot sine høylytte stemmer hamre mot dem igjennom veggene. Han satt der med to eldre gutter, det var barna til kompiser av far.

De hadde møttes før. Men han husket ikke, det var først nylig at hjernen hans hadde begynt å oppfatte og lagre det som var rundt ham. Bevisstheten om at han eksisterte hadde blitt slått på.

De andre gjorde ham ukomfortabel. De var eldre, utviklede; han, derimot, var som en nyfødt i denne verden – liten og utforskende. De ville ha ham med på å gjøre fantestreker. Fantestreker!

Om det ikke fantes noe konsept om riktig og galt, om lov eller ikke i ham, følte han likevel frykt for å utføre det de foreslo, for han instinktivt følte på seg at det var noe forferdelig galt med det hele.

Først overtalte de ham til å knuse sparegrisen sin. Det var uhyre moro for dem. Det var jo ikke deres sparegris, det var ikke deres penger. Lyden av klirrende mynt som flerret rommet. Øyvind var for redd til å si imot, latet som han likte det. Han var redd for at de der ute skulle høre, få sniffen av udådene som pågikk der inne.

Han var redd for at han, ene og alene, skulle få skylden.

Noe senere, forsvant de voksne ut, hele hurven. Mamma lovte at de skulle være tilbake snart. Akkurat der og da var *snart* altfor lenge. Han gremmet seg dypt og inderlig. Borte som de var, var de eldre guttene i ledelsen – akkurat som det ikke hadde vært sånn hele tiden. Det banket på døren. Det var jevngamle Sunniva.

Han ble fylt av en øyeblikkelig og overtruffen glede. Sunniva. Navnet dryppet mot leppene hans som rennende, ny-fersk honning. Men guttene var slemme mot henne, kalte henne jentelus og hennes gråt var ikke langt unna. Øyvind ville også gråte, men turte ikke, visste ikke hva han hadde i vente fra de eldre «kameratene».

«Et bål må vi ha!», ropte Egil ut. «Ja!» svarte Peder. Saken var bestemt uten stemmerett fra de to fireåringene som hang rundt der – den ene, den lille jenta, med tårer rennende nedover kinnet. Istedenfor fikk de små oppgaven med å samle kvist.

Sunniva og Øyvind var ikke sene med å gjøre avstanden fra bålplassen stor nok til at de kunne være i fred. Sammen slo de en spinkel slagplan. Så snek de seg ut av synsranda og løp av sted; til et hemmelig sted som bare de visste om. Gjennom et kratt, inne i en liten skog, hadde de en liten åpning. I midten lå en busk, hvor på toppen lå et rede. Et rede uten egg eller fugler, men med to glitrene grønne steiner. Steinene bar på en hemmelighet som de delte kun med de to nusselige barna. Det var *nærmest* som magi.

For små var de til å kjenne dragningene mellom gutt og jente, men de holdt hender og lekte rundt busken en lang stund. Til det var helt mørkt; de måtte gå hjem, de var redde for hva som kunne skjule seg i mørket.

Traskende tilbake til det som en gang hadde vært en hytte, så de brannen. Faren som løp rundt i ring og ropte på ham. Moren som gråt. Og de andre? De andre bare stod der paralysert i sjokk mens den tykke røyken slo mot dem.

Øyvind het han, og gråt.

Det finnes et godt sted i verden. Underlig godt. Der er jeg med henne, Sunniva, min beste venn. Vi har en skatt der: to mystiske grønne steiner. De vet mye om verden. Noen ganger snakker de med oss, forteller oss hemmeligheter om prinsesser, drager og magiske ting i denne og andre verdener.

Andre ganger er de musestille, men snille og koser seg sammen med oss. Der leker vi rundt busken, enkle leker som gjør oss glade. Rundt om på stedet er det blomster, masse blomster i fine farger. Det er bringebær der så vi trenger aldri å føle hunger.

Det er et godt sted. Det er mitt. Det er vårt. Det er her jeg vil være.

Jeg bor i en hytte sammen med mamma og pappa. Det er en liten hytte. Men den er veldig fin og flott. Jeg liker meg ikke der. Jeg liker meg ingen steder. Bare på vår hemmelige plass ute i den ville natur ...

Hvorfor er jeg her i denne verden? Hvorfor er den ikke noe vakker? Bare uendelig teit?

Nå skal vi bort; hytta er ikke mer. De dumme barna til vennene av pappa brant den ned. Vi skal flytte vekk – bort fra Sunniva, alle våre skatter og det eneste som er fint i verden ...

Jeg vil ikke flytte. Jeg vil bli. Rømme. Bo sammen med steinene, de grønne, sammen med Sunniva. Her hvor det er godt og trygt, for alltid.

Heldigvis fant ingen ut at vi knuste sparegrisen. Jeg har litt penger.

«Er det sånn at det som framstår som sunn fornuft i virkeligheten

kan være drevet av tvangstanker?»

Det var fortsatt skumring, han kunne ikke ha vært borte lenge, så sant det fortsatt var samme dag. Over ham duvet en skikkelse, et kraftig menneske, en kvinne, men ikke som kvinner flest. Denne kvinnen visste hva hun ville, og hun ville minst av alt ha med ham å gjøre.

Var det henne han hadde dratt for å finne?

Hun dro han opp i stående stilling og spurte ham om han klarte å gå. Han nikket. Hun dro ham med seg noen hundre meter, mens naturen saktmodig ga slipp på ham.

Der ute, i mørket, på toppen av fjellet, var det underlig flatt lende. Litt lenger framme var noe som kunne ligne på et platå. Midt på platået stod en underlig, liten, men hyggelig, hytte, henslengt som om den hadde stått der siden tidenes morgen. Vel inne slengte hun ham i en stol og stirret med uvennlige øyne mot ham.

- Hva gjør du på disse trakter?
- Det samme som du.
- Det tviler jeg på, du aner jo ikke hva jeg gjør her.
- Jeg måtte dra hit.
- Hva?
- Det kom til meg i en drøm, akkurat som ...
- ... ok, samme hva du sier, du er ikke velkommen her, men det
  finnes ikke sivilisasjon i nærmeste omkrets og det vil være
  farlig å begi seg tilbake i mørket. Du må nesten sove her i natt,

41

men i morgen må du dra rett hjem, skjønner du det?

Han var for sliten til å krangle; han bare nikket. Han var skuffet, hva hadde han forventet å finne? Iallefall ikke dette, å bli sendt hodestups hjem igjen, tilbake til en stressende verden som han godt kunne klare seg uten. Men kvinnen hadde antagelig rett, han hørte ikke hjemme her, og akkurat nå lengtet han hjem igjen til kontakten med sin egen seng. *Hjem.* Men han hadde jo ikke noe hjem lenger. Utmattet som få lot han Jon Blund ta tak i ham for å dra ham med på andre slags eventyr.

Pytt 42

Tingene man gjør

«Mamma, hva er det pinnsvinet liker bedre enn
å dynkes i varm, deilig, fersk melk?»

Som mange andre på en fredagskveld for han med sin doning, sine lys blafrende imot dagens grånede lys, lang, lang bane med sine forbundsfeller, på vei hjem fra jobben rett ut på fest.

«Jeg lå bare noen få kilometer over fartsgrensen, noen ganger under. Det var allerede blitt bekmørkt og det førte til at jeg kjørte saktere enn vanlig. Kanskje er det fordi jeg ikke ser så godt i mørket på tross av at bilen har gode pærer? Eller kanskje det er fordi jeg forholder meg til en annen verden når jeg suser av gårde i bil?

Ja, når jeg kjører bil synker jeg hen i tanker og fantasier, tenker og funderer på de merkeligste ting. Om et liv som kunne ha blitt, på hvorfor jeg er så ensom. Jeg har vært ufrivillig singel i tre år. Nesten hver helg er jeg ute på byen til tross for at jeg begynner å bli middelaldrene. Jeg treffer hyggelig og sprelske modeller av det andre kjønn ned til femten år yngre enn meg som har lyst og lov til litt av hvert.

Men uansett hvor lyst jeg har, hvor mange alkohyler som skriker i blodet mitt, kvier jeg meg alltid? Hvorfor det? Jeg har nok brent meg tidligere, er redd for å kjenne flammen igjen. Ikke kjærlighetsflammen, men selve helvetesovnen. Jeg orker ikke å tenke, føle eller på noen som helst måte bringe tilbake det som har vært, lar det være. Sjekker opp damene, men går aldri lenger, bare dit, irriterer meg og savner noen å være sammen med resten av uken.

Jeg var på vei hjem for helgen og ønsket allerede å reise rett ut på vift.

Når man blir eldre, er det vanskelig å holde seg med kompiser som stikker ut og feirer på samme intense måte som meg. De fleste jeg kjenner på min egen alder er enten gift, samboere eller seriøst ute på et annet plan enn meg. Eller kan det være at det er jeg som befinner meg på et annet plan en dem?

Det har ført til at jeg har en liste over potensiale festmakkere som jeg i tur og orden plager med mitt åsyn. Nå skal det sies at det egentlig ikke er noen form for plaging. Så erfaren jeg er i «gamet» festing så blir det nesten uten unntak suksess. Men det som er cluet er at få andre orker å holde på hver helg, derav må jeg utnytte og sjonglere på hele listen av venner for å feste med folk på omgang.

Denne fredagen hadde jeg ennå ikke noen fest klar. Jeg funderte på om jeg skulle droppe festinga denne helgen og ta en rolig helg hjemme og se på TV. Tanken skremte vettet av meg. Var jeg i ferd med å bli så kjedelig at jeg kunne tilfredsstilles med et passivt ensomt liv hjemme?

Jeg visste bedre; tre år før dette hadde jeg våknet fra et seks år lang koma. Våkne er ikke det riktige ordet fordi selv om jeg var lammet, kunne jeg oppfatte alt der foregikk rundt omkring meg – i alle fall deler av tiden.

Pinlig våken hadde jeg vært – og jeg skal love deg at andre mennesker viser svært lite hensyn til en som ligger i koma. I løpet av disse svært lange seks årene hadde jeg vært vitne til mer menneskelig bedervelse enn tenkes kan. Jeg fikset det simpelthen ikke; jeg ville dø. Dø fra alt; jeg lå der og skrek stumt om at noen måtte høre meg og slippe meg fri fra dette nådeløse livet.

Men det bare fortsatte, fortsatte. Men plutselig, uten spesiell grunn, en dag, ikke helt som de andre ... riktignok ikke en dag uten hendelser, var jeg tilbake, opp, våknet, til livet. Dette livet.

Det førte i tur og orden til at jeg trakk meg tilbake fra verden. Eller hadde den allerede trukket seg vekk fra meg? Jeg begynte som nattevakt på et hotell. Men fant fort ut at jeg tålte ikke å ha masse sosial omgang med fulle og slitsomme gjester så jeg gikk over til å jobbe nattevakt hos overvåkningen til et sikkerhetsselskap.

Det passet meg utmerket å gli igjennom livet umerket.

Bortsett fra festingen, da, fylla og de mislykkede sjekkeforsøkene mine.

Siden det pleide å være ganske mye trafikk på denne tiden, mange som skulle hjem til en slitsom eller avslappende helg, hadde jeg tatt en avstikker på en mindre trafikkert vei. Jeg angret med det samme da det hadde begynt å sludde, det var ikke glatt, men kunne fort bli det.

I tiden før jeg lå i koma hadde jeg vært sammen med en psykopat, eller rettere sagt hun hadde vært sammen med meg – i mange år hadde jeg latt det gå. Eller, sannheten er vel mer at i mange år hadde hun tvunget meg på alle mulige måter til å være hos henne. Jeg tror ingen kan forstå hvordan det er å være fanget av en psykopat. Et menneske som alltid vil gå lenger enn deg for å eie deg, nedverdige deg og til slutt knuse deg.

Hver eneste dag i livet var en skyggefull og dyster reise, dypere inn i uendelige mengder mer mørke, og hver eneste lille glipe av lys jeg prøvde å skape eller fikk – ble rått frarøvet meg. Til slutt møtte jeg en annen bak hennes rygg. Hun fant selvfølgelig ut det hele og tok denne kvinnen som jeg elsket, fra meg, rett foran øynene på oss. Det fyller meg fortsatt med uendelig skam. Sådan forgikk det at denne elskerinnen min ble ubotelig såret i hjertet og sjelen av meg og min psykopat-eierinne. Deretter ramlet verden sammen og jeg falt i sjokk, deretter i koma. Ikke med en gang, naturligvis, men etter alt det grusomme hun gjorde mot meg på slutten fikset rett og slett ikke systemet i meg noe lenger.

Jeg grep til bremsene, jeg så med ett Henne foran meg. Det kan ikke være mulig. Her i ødemarken? Tilbake? Det måtte være syner? Hun løp mot bilen, veivet med hendene. Noe vondt inni meg skrek – aldri mer – kjør på henne. Men jeg kunne ikke være som henne. Jeg bremset hardt. Bilen ristet og hvinte – det hylte både i den og meg – stoppet.

Jeg befant meg i et stadium av sjokk og enste ikke hva som skjedde rundt meg. Hun kom bort til døren og rev den opp. Febrilsk skrek hun enstavelsesord som jeg ikke oppfattet.

Jeg kom tilbake til virkeligheten.

Blondt, tufsete hår som gikk litt lenger enn nakken, blanke, blå øyne og store, svarte pupiller. En slank benbygning; så slank at det så ut som man kunne brekke henne som fyrstikker.

Det var ikke henne, psykopaten. Selvfølgelig, det ville ikke ha vært mulig; hva tenkte jeg på? Dette kvinnemennesket som så på meg lignet ikke en gang. Jeg hadde spilt meg selv et puss.

Øynene våre møttes. Det tok ikke mer enn brøkdelen av et sekund før de smeltet sammen på underlig, emosjonelt vis. Med ett skjønte jeg at det fantes kjærlighet ved første blikk. Blasse, blå øyne som lyste av desperat trang til å være nær meg ... uendelig nær. Men øyeblikket gikk fort over, kanskje varte det bare i brøkdelen av et sekund. Var det hele et mentalt bedrag eller hadde hun følt det

47

samme?

Hvem er denne kvinnen? Hva gjør hun her? Spørsmål som dukket opp i meg like fort som de forduftet, da jeg forstod at hun var helt desperat og prøvde å kommunisere med meg uten særlig hell. Jeg tok med en gang en rolig lederrolle og fikk stoppet opp ordstrømmen hennes. Prøvde å få henne til å trekke pusten og forklare ting i annet en halvferdige stavelser. Til slutt forstod jeg at det hun prøvde å meddele meg, var at mannen hennes var død; nådeløst skutt ned, der oppe i heimen hennes.

Min ro smittet noe over på henne, men hun var fortsatt andpusten, blek og noe desperat – egentlig ikke så rart, situasjonen tatt i betraktning.

Vi stod i veikanten foran bilen min og pratet.

- Hvem har skutt ham?
- Jeg vet ikke.
- Er det lenge siden?
- Jeg kom hjem nå nettopp og der lå han ... død.

Hun begynte å hikste igjen; stemmen hennes sviktet.

- Gjerningsmennene kan med andre ord fortsatt være der?
- Nei, ja ... det har jeg ikke tenkt på – hvorfor tror du det er flere?
- Vet ikke; bare gjetter. Kan tenke meg at om det var et planlagt drap, er den en høy sannsynlighet at det er mer enn en gjerningsmann, men jeg kan jo ta feil.

Hun brast om som om tanken på dette at hun hadde vært alene der oppe sammen med udådsmennene og selv svevde i livsfare var noe som kunne ta pusten fra noen og enhver.

- Har du ringt politiet?
- Nei, telefonen er død, og jeg har ikke mobil.
- Du kan låne min.

Jeg hentet mobilen min, men vi oppdaget fort at den var tom for strøm. Jeg så dumt på henne og beklagde meg; det var presis det vi trengte.

- Jeg foreslår at jeg stikker opp og får et overblikk over situasjonen, imens kan du kanskje kjøre til nærmeste politistasjon og skaffe noe hjelp?
- Jeg tror ikke jeg vil være alene akkurat nå.
- Ok, men før vi tilkaller noen, vil jeg først ha overblikk over situasjonen, så da får du bli med meg opp i huset igjen, eller bli her nede og vente.
- Jeg blir med.

Hun ble omsider roligere. Jeg opptrådte mye sikrere enn det jeg virkelig var. Jeg ante ikke hva som var det riktige å gjøre i en sådan situasjon, men prøvde å oppføre meg etter hva jeg trodde ville være mest korrekt, som å prøve å gjette rett svar uten at det finnes en fasit. Jeg forbannet meg selv nok en gang for å ha latt strømmen i mobiltelefonen sige ut. Vi spaserte oppover veien mot huset.

Det var et øde sted jeg hadde havnet på. Veldig øde, nok et sted verden hadde glemt.

- Hvor er nærmeste nabo?
- Ca. seks kilometer østover.
- Seks kilometer? Hva fikk deg til å bosette deg ute i villmarken?
- Det er kanskje øde for deg, men for meg er det vanlig.

Så sant, så sant; plutselig var hun til og med blitt såpass rolig at hun kunne reflektere. Ikke dårlig. Jeg snudde hodet mot hennes og så henne inn i øynene. Hun var vakker, hun var deilig, hun var spinkel og sårbar – som igjen gjorde henne til en kvinne som kunne verdsette noen – hvilket var akkurat det jeg kunne trenge. Nå som hun var ledig, kanskje hun kunne tenke seg litt selskap av meg?

Jeg skammet meg ikke med tanken, jeg følte meg komfortabel med den. Vi stirret hverandre dypt inn i øynene. Det føltes intenst – om enn ikke som første gangen våre øyne møttes. Jeg ble noe sikrere i min sak, hun måtte føle noe for meg.

Vi fortsatte oppover den lille unnskyldningen av en vei. Utenfor stod det to biler. En eldre Honda Civic og en nyere Volkswagen Passat. Passaten virket noe stor og malplassert der. Passet liksom bedre til en barnefamilie. Jeg måtte spørre.

- Har dere barn?
- Nei, vi har aldri klart å få noen.

Jeg valgte å ikke føre samtaleemnet noe videre da dette med barn er noe som ofte kan føles tungt for et par. Vi gikk de siste meterne til huset i stillhet. Det var dog ikke en pressende stillhet, men koselig og omfavnende. Vi holdt hverandres hender, bare for å slippe tak, for å gå inn.

Vi ble møtt av hennes lille kloning; et vesen som minnet meg om henne. Det var en liten puddel. Alt ved puddelen var henne: utseendet, gangen, øynene og ynkingen. Den lille puddelen var tydelig ute av balanse og søkte trøst både hos meg og hos eieren.

- Det var Hans som ville ha henne; i begynnelsen kunne jeg ikke fordra det, men etter hvert ble det jeg som ble mest glad i henne.

Hun kvalte et hikst. Det forklarte hvorfor hunden var som en kopi av henne: kjærlighet.

I gangen mot stua lå han utstrakt på gulvet som et dødt drog. Han var dekket med blod, men det piplet ikke. Stanken var helt forferdelig. Jeg kjente det stakk inni meg. Dette var mye verre enn det ser ut som på film. Dette var virkeligheten – den steinharde, kalde, virkeligheten. Har du noen gang kjent stanken av et dødt menneske; selvfølgelig har du det.

Jeg ble feig, unnskyldte meg og spurte etter toalettet. Hun pekte nedover den andre veien: ut gangen mot en dør med en pissende gutt hengende på en skeiv spiker – hvor treffende.

Vel inne og alene trakk jeg pusten dypt. Det stod en tom flaske Snapple på speilkanten. Ved siden av lå korka med inskripsjonen:

«An ant can survive up to
two weeks under water.»

Jeg tenke tilbake på når jeg var ung og Snapple hadde kommet med brask og bram som et hipt produkt, deretter for å dale i popularitet og falle inn i ei kirkegate av glemsel. Hvem var det som drakk Snapple i dag? Fine damer som henne? Det stemte liksom ikke.

Snapple hadde vel først kommet fra en liten, uavhengig produsent for ubønnhørlig å bli kjøpt opp at et stort konsern. Var det Coca Cola?? Jeg var usikker og måtte undersøke flasken, det var Schweppes.

Mens jeg lot vannet renne, beskuet jeg mine egne øyne i speilet. Det hadde hopet seg opp mørke furer rundt dem. Ansiktet til en mann som hadde opplevd for mye, en mann som var opprørt og trøtt av selve livet.

Da jeg lå på sykehuset hadde jeg være pinlig våken vært eneste øyeblikk. Jeg tror hun *visste* det. Hun gjorde alle slags syke ting rundt meg – foran meg. En gang hadde hun forført faren min; dratt av ham klærne og gitt ham en avsuging. Min far hadde nytt det fullt ut og ved senere besøk hadde deres seksuelle samvær utviklet seg. Men det var ikke bare faren min hun drev på med. Jeg ristet av hat og avmakt, men kunne ikke røre meg.

En dag skjedde det noe merkelig. Hun forandret seg. Hun ble snill. Satt der ved siden av meg og grein. Sa at hun angret alt. Sa at hun ønsket meg tilbake. At hun forstod at hun hadde gjort noe galt; at hun ønsket meg tilbake; ønsket å gjøre alt godt.

I nesten et år var hun forvandlet til det bedre og til slutt trodde jeg på henne og jeg kjente endringer i meg. Jeg var på ferd tilbake fra koma. Tilbake til henne.

Allerede første dagen som *frisk* hadde hun dratt min verden tilbake til helvete. Hun hadde faen meg løyet hele tiden. Hun ønsket meg tilbake kun for å eie meg – misbruke meg på det groveste – igjen og igjen og igjen. Antagelig fordi jeg var så dum, snill og udugelig at jeg passet bedre som offer enn noen andre.

Men hun hadde tatt feil denne gangen. Jeg hadde lidd for meget. Jeg ville ikke tilbake til koma. Jeg ville heller dø, men ikke akkurat nå. Jeg gjorde slutt på det. Det var ikke lenger sånn at hun ville gå lenger enn jeg var villig. Hun hadde lært meg uendelig smerte og *uendelig* hat.

Jeg gjorde slutt på henne.

Jeg var ferdig på doen og gikk tilbake til gangen. Der ble jeg møtt av synet av dem – drapsmennene. Det var en gigantisk jævel av en boler. Han var så diger at han nesten ikke fikk plass i gangen; verken i bredden eller høyden. Noe bortenfor stod en spinklere kar med bleket, blondt hår. I midten stod hun og snakket med dem. Hun virket noe fortumlet, men absolutt ikke redd.

- Der er du, jo, smilte den store onde mot meg.
- Hvorfor har du drept hennes ektemann? Ler den hvithårete mot meg.
- Hva, det er jo dere som er morderne eller hur? Presset jeg ut av gapet mitt.
- Det kan være det samme, det er du som kommer til
  å få skylden. Det blir det perfekte drap.
- Skal dere drepe henne også da for å få dette til?
- Ha ha, det trenger vi ikke. Hun er med på alt dette.
  Det eneste vi trenger er å drepe deg.

Jeg forstod det ikke – eller nektet å innse det. Hun var med på det. Hun hadde lurt meg, dratt meg opp hit for å ha en gjerningsmann og stikke av med et misfoster av en kjempe som sikkert kom til å behandle henne dårligere enn ei femtiøres hore.

Den store ga pistolen sin til henne og sa at hun skulle skyte meg. Jeg tror det var en Smith & Wesson, men er ikke sikker. Hun siktet pistolen, som i sakte film, mot meg.

De hadde gjort en feil.

51

- Bare skyt, forbanna lømler. Jeg gir faen. Dere er føkka nok til å tro at dere kan slippe unna med drapet ved å ta meg – men til slutt kommer politiet til å finne ut av det og dere kommer til å havne der dere fortjener – i en morken celle i helvete.

De vet ingenting om at jeg ikke bryr meg en tøddel. Mitt liv var verdiløst å redde – å ta vare på. Mitt liv tok slutt for såpass lenge siden at jeg knapt husker det. Jeg var bare en vandrende kjøttklump, en bombe av negativitet som prøver å passere livet en dag av gangen. Men nå var det jaggu meg nok.

Hun løftet pistolen litt opp. Tok av sikringen og overraskende raskt: PANG – men ikke på meg. Hun gjorde en raskt sving mot kjempen og skuddet traff ham.

Noen ganger, som denne gangen, skulle man bare ønske at damer hadde litt mer peil på våpen, at de visste bare ørlite grann om hvordan man håndterer en pistol. Om hun bare hadde vært en bedre skytter; hun traff ham i siden, men ikke godt nok til å gjøre ende på ham.

- Jævla hore, ropte han.

Litt i seiersrus og litt i en dum følelse av heltedåd løp jeg fram som en rambukk for å avverge at han fikk slått henne. Vi ramla inn i stua. Den andre tok tak i henne og løftet henne opp. Mer fikk jeg ikke med meg. Jeg måtte konsentrere meg om å slå den digre.

Han fikk inn et par slag på meg som dro meg bakover, sendte uante mengder av smerte direkte inn i kroppen min. Dette var en annen type smerte enn det jeg er vant til – like intens, men fysisk istedenfor psykisk.

Puddelen begynte å bjeffe borte ved de andre. Den glefset og bet som en skabbete hund, den oppførte seg generelt uforskammet lite som en puddel. Den hvithårete var tydelig forvirret og løp fra hunden med kvinnen over skuldrene. De forsvant i et annet rom og han slamret igjen døren bak seg. Puddelen bjeffet og krafset utenfor døren. Om den bare kunne kommet over hit og hjulpet meg.

Jeg kunne høre slag og spark der inne. Vi mottok begge en skamløs mengde juling.

BANG, han traff meg med et slag så tungt at jeg vaklet bakover, mot gangen igjen. Jeg svirret rundt og falt delvis oppå liket. Det svartnet for meg.

*

En sommer da jeg var liten, var det en eldre gutt på besøk i bygda der jeg bodde. Han lærte oss hvordan man tar tak i en maur med pekefingeren og tommelen sånn at den blir immobilisert. Det minner meg mye om hvordan man holder krabber. Med andre ord faller mauren helt i din vold.

Det året hadde vi det mye moro med maur. Vi skapte forskjellige, virtuelle maurkolonier og arrangerte storslåtte maurslåsskamper i vår egen versjon av Colosseum. En annen morsom ting vi lærte det året var at hvis man plasserte en maur på en stein og slapp den i en liten pytt, så ville mauren ikke forstå at den var under vann, men sprade rundt like lykkelig som før, helt til den slapp opp for oksygen. Da ville den flyte opp, bevisstløs, til overflaten.

Da kunne vi ta mauren opp av vannet og legge den på en annen stein og la den varme seg i solsteken. Etter en stund, ca. en halv time, ville mauren våkne til live igjen og vi kunne gjenta hele prosessen, gang på gang på gang.

Fy faen, maur er dummere enn et billig kneippbrød. Jeg tror faen ikke den kan overleve i to uker uten oksygen. Hvem er det som finner på sånn idioti og trykker det på flaskekorker?

*

Tinningen trommet noe, det piplet blod nedover ansiktet mitt. Jeg anstrengte meg for å klare å holde meg våken. Kjempen hadde tydeligvis trodd at han hadde gjort kort prosess, for han var på vei mot døren hvor puddelen stod og gjødde.

- Drep henne, hveste han til sin kompanjong.

Jeg kunne ikke se veldig skarpt, men skjønte at dette var min sjanse, mitt **el momento de la verdad**. Jeg slengte meg framover mot pistolen som fortsatt lå på gulvet, vippet raskt opp og skjøt.

Jeg fikk igjen for det året da jeg hadde drevet med baneskyting. Min favoritt hadde vært «duell» hvor man må kunne skyte fort uten å ha særlig tid til å sikte.

Derfor traff jeg den gigantiske mannen rett i skallen. Hodet hans ble blåst ut mot døra. En god grovkalibret sak jeg hadde mellom henda. Kroppen hans gikk fortsatt, men manglet retningssans og startet å gå i ring. Det haglet med blod opp av halsen hans som i en dårlig splatterfilm.

Døren gikk opp fordi den blek-hårete var nysgjerrig og ville se om jeg var død. Han ble helt perpleks da han stirret mot munningen. Han stakk hendene i været, men jeg ga faen. Mindre en brøkdelen av et sekund senere var det to hodeløse personer som gikk målløst omkring og sprutet rød væske. Det hele så totalt latterlig ut, jeg brakk meg av latter. Det var første gangen jeg så en rød puddel.

Jeg var utmattet, orket ikke mer. Det er det siste jeg husker.»

«Takk skal du ha for forklaringen, jeg blir riktignok ikke klok av det hele. Både Benny Havermoen, kjempen, som du kaller ham, og Nils Jules, den andre, er gamle kjenninger av oss; men ingen av dem har noen gang gått lenger en vanlig småkriminalitet.

På en annen side er det noe utenkelig for oss at Ane Vitmoen, som du har hatt et lite crush på, er hjernen bak det hele. Det hele faller meg noe ubegripelig.»

«Ja, det kan du si, dette er noen jævlig gode smultringer du har gitt meg.»

«Det er min kone som har laget dem, jeg skal si ifra at du liker dem. Med ditt samtykke endrer jeg uttalelsen din på noen punkter sånn at saksgangen blir enklere, det vil si at jeg tar bort de deler som kan insinuere at Ane er medskyldig i drapene, historien om psykopaten og ikke minst det at du drepte Nils Jules med kaldt blod. Jeg ser liten vits å spre skylden og saken noe videre.»

«Det er ok – om din kone baker noen flere smultringer.»

«Vel, nå er det jo egentlig du som tjener mest på endringene (humre), men jeg skal se hva jeg kan gjøre. Det vil jo være noen uker, kanskje måneder før du kommer deg videre og om jeg skjønner riktig, vil det ikke være mange som kommer og hilser på deg, heller. Hvordan føles det forresten?»

«Ikke verst, egentlig, bortsett fra at jeg er noe omtåket så føler jeg ganske lite.»

«Nei, jeg mener, hvordan føles det å drepe noen?»

«Det burde vel du vite som er lovens lange arm.»

«Jeg tror du overvurderer denne lille plassen du har kommet til, her er den daglige jobben ikke mer actionfylt enn hvor ferske smultringene er og om man bruker fem eller seks skjeer kaffe i trakteren.»

«Seks skjeer? Da kan man jo blande med litt blankt, da jo.»

«Ja, akkurat derfor, men fortell meg nå hvordan det føles.»

«Det var kanskje litt kult der og da ... nesten som i en dårlig splatterfilm av Peter

54

Jackson, lenge før han ble verdenskjent for Ringenes herre. Men bortsett fra det føler jeg ikke så mye, kanskje det ikke helt har gått opp for meg? Ikke vet jeg. Lukta dog, den er spesiell, eimen av friskt blod som spruter, den tror jeg det tar lang tid å glemme. Men hvordan fant dere oss i tide?»

«I alt oppstusset hadde du vært så *forutseende* å glemme å slå av lysene på bilen. Det vakte mistanke hos en av våre originaler Jens B. Virknik.»

«Hvordan gikk det med Ane?»

«Du reddet henne i siste liten; Nils Jules var i ferd med å dra livsretten ut av henne. Nå ligger hun her ikke langt unna deg.»

«Hvilken tilstand er hun i?»

«Hun har det bra, men blir liggende her en stund, likesom du.»

«Kan jeg se henne?»

«Det kan nok ordnes etter hvert når du blir bedre. Hun spurte etter deg (smiler), det kan jo hende at du fornemte rett da du stirret henne dypt i øynene første gang; du får nok av tid til å finne ut av det.»

*«Pust dypt inn gjennom nesen, hold pusten litt der nederst
i lungene før du puster sakte ut gjennom munnen.»*

Brann, ild, flammer, et inferno dansende i mørket. Men de er ikke alene, i midten av flammene befinner jeg meg. Jeg brenner. Jeg svetter, huden min vil ikke ta fyr, men den koker, håret krøller seg. Kroppen vibrerer og vrikker seg.

Jeg skriker. Våkner, skriker fortsatt, dyvåt i min egen svette.

Hun er over ham – rolig – plasserer en hånd over hodet hans og den andre helt nede ved skrittet, dog ikke med seksuelle hensikter. Instruerer ham i pust, til å puste så han etterhvert blir ørlite grann roligere.

Kroppen hans er fortsatt fylt med uro og han føler at flammene fortsatt er der – rundt ham – eter på ham. Hun ber ham lytte til henne, instruerer ham til å konsentrere seg om en enkel meditasjonsøvelse mens han puster. En chakrameditasjon. For hvert åndedrag skal han se for seg at han puster inn energi i form av regnbuer, og når han puster ut, er det sot, møkk, søppel og alt han ikke har bruk for som kommer ut.

Han skal konsentrere seg om de forskjellige chakraene etter tur, først begynner de med kronechakra oppå hodet – ti langsomme pust. Hun assisterer meditasjonen ved å legge hånden, eller hendene på det chakrapunkt han konsentrerer seg om. Deretter ned til hodechakra, hendene hennes er både på panna og bakhodet – nok en gang ti møysommelige pust. De fortsetter til halschakra, hjertechakra, solar plexus, harachakra (ovenfor kjønnsorganet) og til slutt jordchakra – mellom kjønnsorganet og anus – der hun har en hånd på kronechakra og den andre på harachakra.

Han er noe roligere, tryggere nå. Hun fortsetter å instruere ham; denne gangen skal han konsentrere seg om hele kroppen på en av fargene i regnbuen – ti pust for hver farge. De begynner på rød. Etter hvert forsvinner han ut av bevissthetens sfærer og bort til et trygt land, langt, langt der borte.

Pytt 507

En annerledes venn

«Allerede i samme øyeblikk som han trådte over terskelen
visste han at ting var i ferd med å gå skikkelig galt.»

Store snøflak – fallende, dalende – rundt om dem, men ikke på dem. Med vind blåsende faretruende rundt dem, men ikke på dem. Med heftig pianomusikk, som i en musikkvideo for fjortiser, stod de der ute i forskjellige, spradene farger.

Søndag hadde alltid vært favorittdagen hans; det var den ene dagen i uka hvor man ikke trengte å gjøre noen verdens ting. Den eneste dagen i uka han spiste frokost: bacon og egg. Den dagen hvor han kunne sove så lenge han ville, se på noen gode eller fryktelig dårlige filmer og bare være til. *Takk, Jesus, for at vi skal holde hviledagen hellig.*

Natten før hadde han altfor urutinert hivd i seg en blanding av de fleste alkoholholdige drikker, i alle fall ting som av normal fylleviten sa at aldri burde blandes sammen. Han hadde kommet i krangel på festen – lagd masse kvalm. De siste timene av festen husket han lite av.

Natten hadde han tilbrakt mer på toalettet enn i sengen. Det var ting som ville ut, ut, ut, farget rødt – ikke av blod, men av billig pappvin. Han forbannet seg selv. Det var rett og slett utsikter til at denne søndagen ikke ville bli særlig bra.

Utpå dagen kom fylleangsten mot ham i full ballong. Et spørsmål tårnet seg opp. Hvordan hadde han kommet hjem? Hadde han kjørt i fylla?

Han slengte på seg den blå badekåpen og strenet ut. Ute på parkeringsplassen var det bare en naken flekk. Han hadde kommet seg hjem på annet vis. Han pustet lettet ut.

Klikk.

Han bråsnudde og oppdaget til sin forferdelse at han nettopp hadde begått den urgamle låse-seg-ute-tabben. Han slo badekåpen tettere om seg og begynte å strene rundt huset etter en måte å bryte seg inn på.

Pertentlig som han var fant han ut følgende: alle vinduene var behørig låst, også de i andre etasje – det samme gjaldt kjøkkeninngangen. Han skjønte at situasjonens tilstand var dårligere enn han ønsket; han strenet ut i veikanten – tittet nedover gaten, mot huset sitt, deretter mot seg selv.

Hva skulle han gjøre nå? Skulle han ofre en rute? Mest av alt ville han bare legge seg ned og ikke gjøre noen verdens ting.

Det var da – da alt var som svartest og søndagen hadde utviklet seg til en fallitt – at han oppdaget det: langt, langt nede i gaten åpnet det seg en utgangsdør og et individ kom ut i rød badekåpe.

Han begynte og veive og rope. Men for sent: døren gikk igjen og personen der borte startet febrilsk å dra i døra. Smittsom tabbe, du.

Sånn møttes de midt på gaten – han i blått og hun i rødt – og snøen begynte lett å dale ned.

Det hele var på randen av absurditeter, at de begge skulle låse seg ute og at de begge var nakne under det lette tøyet.

Som de møttes, ble de kjent. De trasket sammen nedover gaten som den vanligste ting. Rundt dem, i de andre husene, kom det ut mennesker – andre mennesker – bare iført badekåper i forskjellige farger, men ingen andre hadde rød eller blå.

Sånn var det mine foreldre møttes. Det korte og underfundige ekteskapet som fulgte, leverte bare en ting: meg – Beate.

«Vår kollektive viten skal for alltid holdes hemmelig.»

Han våket alene – inne. Han visste først ikke hvor han var. Han hadde et svakt minne av en drøm om at han hadde vært på en bar og stjålet damene til alle mannfolka og at mannfolka hadde banket ham opp. Han eide jo ikke noe spesielt ønske om å slåss. Han våknet noe omtåket – følte seg mørbanket.

Det var stille, men samtidig kunne han høre forskjellige lyder – underlige og ukjente lyder for ham. Han reiste seg opp og kikket rundt i hytta. Det var en gammel hytte, bygget med tradisjonell lafteteknikk. Det var ikke bare nye lyder over alt, men også et spekter av pirrende dufter som danset i nesen hans. Det var hyllevis med krukker og begre med forskjellige eksotiske ingredienser.

Det stod en gammel vedovn og blaffet. Oppå den stod to gryter og putret. Den ene gryten hadde en kran på siden som det dryppet en merkelig, klar væske fra ned i en jernbøtte.

Hva slags sted var det han hadde rotet seg til?

Han var helt alene der inne, hun måtte være ute et sted.

Han kjente sulten gnage ham; når var forrige gang han hadde spist? Hvor lenge hadde han ligget her? Han kikket seg rastløst om, men kunne ikke finne ut hvor det var noe spiselig – eller mer riktig: hva som var spiselig?

Han stelte seg sånn noenlunde og spaserte ut. Han ble lammet av lyset som slo mot ham. Dette var noe annet enn hjemme – kunne han fortsatt kalle det fjerne minnet om tiden før han kom hit som hjemme? Den friske luften fylte ham med noe udefinerbart han ikke hadde kjent siden han var liten.

Han stod og måpte i et minutt eller to før han klarte å famle seg nok til å få overblikk over utsynet. Det var sletter, myrer, landskap så langt han kunne se. Langt, langt borte kunne han skimte høye fjell som tronet i horisonten.

Det var yrende natur rundt ham. Mange lyder og farger som bare fylte ham med en uhorvelig mengde nye og ukjente inntrykk. Han hadde trodd han hadde spasert langt opp i høyden; så langt oppe skulle det da vanligvis ikke være bra med natur? Han måtte ha tatt fullstendig feil.

Rundt omkring, overalt med ujevne mellomrom, kunne han skimte små dammer, pytter med vann, eller i alle fall klar væske. Pyttene strakte seg i landskapet i en nærmest uendelig strekke, så langt han kunne skimte. Det var totalt unikt; noe han aldri før hadde beskuet. Det fikk ham til å tenkte på Finland, de tusen sjøers land. Han hadde havnet i de tusen pytters land.

Han smilte.

Noen hundre meter nedenfor oppdaget han henne. Han begynte å spasere bort til henne. Han pustet sultent inn den friske luften.

Hun holdt en kurv i den ene hånden, full av forskjellige grønne vekster – urter. Hun la fra seg kurven – reiste seg. Lukket øynene og holdt hendene utover. Hun pustet dypt.

Først der i profil kunne han beskue hvor vakker hun var. Naturlig skjønn. Hun var kledd i fargerike tekstiler som oste med et snev av eventyr. Hun hadde glinsende, mørkt hår som vinden grep lett tak i og lot det flagre vakkert.

Han tok seg i å studere henne. Han prøvde å få kontakt. Han ytret et lite «Hei.» men hun reagerte ikke. Hun svingte seg rundt og sveivet med armene.

Han prøvde å si «Hei.» nok engang, uten resultat.

Han ble stående stille og betrakte henne og vente. Han ble fylt av en underlig følelse. Hun åpnet øynene og kikket på ham. Han ble blendet av gnistrende sinne.

- Aldri! Aldri avbryt meg når jeg er opptatt!
- Men, men.
- Aldri!

Mer ble ikke sagt. Hun lukket øynene igjen og fortsatte. Sulten som han var trakk han seg tilbake og spaserte seg en tur. Han kom over noe multer; ren flaks tenkte han og forsynte seg grådig av de gode bærene. De smakte utmerket, men han var såpass utsultet at det ville hva som helst ha gjort; sult og glede. Han kunne ikke huske å ha spist så gode multer noen sinne.

Han ble oppstemt av dette; han begynte å nynne på en melodi: Anneli Drecker med «Who on Earth?», mens han vandret freidig avgårde. Han glemte helt at hun hadde vært fiendtlig innstilt mot ham. Senere fant han veien tilbake til hytta og tro inn.

Hun drev og tilberedte middag.

- Å, der er du, jeg var nesten redd du hadde blitt
  så skremt at du hadde gått deg vill.
- Hmm, jeg fant noen nydelige multer; dessuten er det frisk
  og god luft her, jeg har nytt en lang spasertur.
- Hmm, ja, da har du ikke lidd noen nød. Jeg driver med middagen;
  jeg har laget nok til oss begge. Kan du dekke på bordet?
- Ja.

Tjue minutter senere satt de over det lille bordet og nøt en heller merkelig, men god suppe. Han kjente at hver munnfull tilførte ham nye mengder energi som formelig spredte seg i den gamle og skrøpelige kroppen hans.

De spiste i taushet, men han kunne ikke stoppe seg ifra å betrakte henne. Hun var ung, ubesudlet og vakker. Hvilke merkelige omstendigheter var det som hadde gjort at hun befant seg her, langt unna allfarvei?

Mens han satt der og stirret på henne ble han truffet av en følelse som han hadde kjent tidligere da han hadde møtt henne før på dagen. Forskjellen var at nå visste han hva det var. Det var som om han kjente henne fra tidligere – som om de kjente hverandre.

Hun brøt stillheten.

- Hva har brakt deg hit, og hvor lenge har du tenkt til å være her?
- Jeg måtte komme hit, vekk fra maset der nede –
  der hjemme. Jeg hadde ikke noe valg.
- Rømmer du fra noe? Din kone kanskje?
- Nei, ikke noe sånt – har ingen familie. Rømmer kanskje fra
  maset. Livet mitt gikk i grus og det var ikke lenger noe å redde.
  Så drømte jeg om at det fantes en plass som jeg kunne finne ro.
  Jeg dro ut og lette etter denne. Jeg tror jeg har funnet den.
- Problemet, kjære, gamle mann, er at denne plassen alt er opptatt.
  Denne plassen er min og her er det ikke plass til noen andre. Jeg

lot deg overnatte her og spise med meg siden du var sliten og skrøpelig, men jeg forventer at du drar videre i morgen den dag.
- Du vil kaste meg på dør, altså? Tilbake til fallitten?
- Pøj! Hva annet skal jeg gjøre; jeg er midt oppe i et viktig prosjekt og kan ikke la deg forstyrre meg.
- Hva er det?
- Det raker deg ikke!
- Er du en alkymist?

Spørsmålet måtte komme. Han hadde kikket seg godt om i hytta og på alt som var utenfor; han hadde dratt den slutning at hun ikke var noen vanlig heks eller eneboer; det kunne simpelthen bare være en mulighet.

- Ha, ikke noen simpel alkymist som prøver å lage gull, nei.
- Hva mener du, er det ikke det som er alkymistens mål?
- He he, det er det bare tåper av mennesker og av alkymister som tror. Hva er vel gull annet en et hvilket som helst metall som vi mennesker gir verdi utover seg selv. Som vi gir makt og som forer oss med grådighet og korrupsjon? Hvor er det noble i gullet? Nei, vi ekte alkymister, som er i fåtall, vi har et helt annet og bedre mål.
- Bortsett fra pengeverdien har jo gull også mange overlegne fysiske egenskaper som er til uvurderlig nytte i sivilisasjonen.
- Tåpe!

Hun spyttet ordet mot ham; det var som hun ikke tålte noen form for kritikk – å bli motsagt.

- Ja, fortell da hva det du er ute etter.
- De ekte alkymister søker selve hemmeligheten bak alt. De lærer seg naturens prosesser, de elter materiens egenskaper og bender begrensningene i tid og rom. De kan leve evig hvis de vil; de kan lage gull hvis de vil. Men vi har en høyere etikk enn det. Vi lever og ånder for kunsten i seg selv.
- Ja vel, med andre ord sitter du her i hytta og kjenner til universets hemmeligheter; selv om du besitter en meget viktig kunnskap så av en eller annen merkelig grunn, som jeg ikke skjønner, gagner dette ingen – ikke en gang deg selv.
- Tåpe! Jeg driver med et viktig prosjekt, sier jeg; det viktigste av alle, faktisk.
- Og hva og hvem skal dette «prosjektet» hjelpe?

Hendene hans former anførselstegn når han uttaler ordet «prosjekt». Hun slenger det som er igjen av suppe i skålen sin mot ham. Og hyler nok en gang ordet «Tåpe!» Deretter sitter hun der sur og tverr og mumler for seg selv. Han skjønner at her kommer han ikke til å nå fram. Det er skalkede dører og vinduer.

Han trekker seg tilbake. Går ut igjen – blir nok engang slått av den friske luften – av lydene rundt ham som er nye og uvante for ham. De beroliger ham.

Var det ikke her han skulle finne ro fra alt kjas og mas? Istedenfor har han kommet til en merkverdig plass styrt av et lettere sinnsforvirret menneske. En plass uten så mye som et snev av gjestfrihet.

Han funderer på om han skal gi opp og starte på den lange veien tilbake. Tilbake til sivilisasjonen. Tilbake til et liv uten liv.

Pytt 140

Det finnes et seil.
Det finnes en vind,

men ingen båt.

Et sted finnes en vogn.
Den trekker meg,

en annen vei.

Farvel.
Min kjære,

farvel.

«Noen sysler gagner ingen.»

De sitter nok en gang ovenfor hverandre ved et måltid deilig, smakfull suppe. Ingen ord har blitt sagt imellom dem siden sist. Nå er de nok en gang tilbake i en heftig diskusjon om hvorvidt alkymistens virke gagner menigmann.

Han vet godt at han er der på lånt tid; inni seg skjelver han fordi han ønsker på ingen måte å bli henvist fra dette stedet – dette glimtet av noe som kan være paradis – ut, ned, hjem til alt han har lagt bak seg i grus. Men han klarer ikke å dy seg; det er som det sitter en liten smådjevel inne i ham som bare presser på de riktige knappene og holder konflikten i gang.

- Du skjønner jo ingenting, du, spytter hun.
- At du skjuler deg bak et høyere ideal – en ide – for å
  slippe å se konsekvensene av dine handlinger?
- Det er noe innbitt barnslig å forsøke å slåss objektivt om noe
  som egentlig ofte bunner i en subjektiv preferanse.
- Hva skal det bety?
- At du har forhåndsdømt meg.
- Om jeg så hadde forhåndsdømt deg, hadde vi
  ikke hatt denne konversasjonen.

Hun var illsint inne i seg, ønsket bare å kaste suppetrauet rett på ham, men hun konsentrerte seg inderlig for ikke å gjøre akkurat det. Hun kunne ikke la ham vinne.

- Du må først forstå alkymistens kodeks. At vårt arbeid
  tjenestegjør en høyere makt – en høyere mening.
- Jeg er lutter øre; fortell om prosjektet ditt.
- Nei, det kan jeg ikke – det er ytterst hemmelig.

73

- Hemmelig for hvem? Det er ikke som jeg skal
  brase ut herfra og offentliggjøre det.
- Jo, du skal ut herfra; jeg kan ikke stole på deg.
- Dårlig unnskyldning for å holde unna det faktum at du bare
  meler din egen kake under dekke av en høyere mening.
- Ja ja ja, nå er vi tilbake til forehåndsdømmingen. Ta for eksempel mat.
- Mat?
- Ja, altså renheten av det vi mennesker spiser. Du er hva du spiser, er noe alle
  har hørt. Det er lett å fnise av enn sånn påstand, men den er faktisk mer sann
  enn du tror. Det hele er ganske enkelt: Vi mennesker er organiske vesener
  som livnærer oss på organiske vis. De strukturer som til sammen utgjør vår
  kropp – atomer, molekyler, celler, etc. – må stadig fornyes via tilførsel av
  føde og energi – gjennom lys, luft, væske og mat. Disse kildene brytes igjen
  opp og tilfører kroppen grunnlaget som de nye byggestrukturer er laget av.
  Med en gang du skjønner dette enkle prinsipp, er du allerede godt i gang
  med å forstå hvorfor det er viktig med god og riktig ernæring. Jo bedre
  de råvarene vi putter i oss er, jo bedre er cellene våre og jo bedre er du!
- Jo da, men vi snakker vel ikke om mat nå?
- Jeg snakker om prinsippet! Jo renere, jo edlere, jo bedre. I vårt
  virke er det alfa og omega. Vi bruker årevis på å framvinne
  de beste egenskapene til bruk som våre ingredienser.
- Jo da, alt det her skjønner jeg, men til syvende og sist er det
  resultatet av dette arbeidet og hva, hvordan eller hvem det egentlig
  gagner som betyr noe. Selve produktet. Si meg en eneste ting
  i verden som dere alkymister har tilført fellesskapskassa.

Det var nok. Den varme suppen dynket over ham.

Pytt 393

Porno og Pervo

Opptakten

«Det hender at gutta sniker seg fra sine plikter
og nyter dagen sånn dager burde nytes.»

Morgenduften slår forfriskende mot menneskene: knuffende, utfordrende, små ungdommer, konstant i kamp om sin egen status, står samlet på en liten plass som har av kommunale stabsarbeidere blitt utpekt til bussholdeplass.

De er urolige – dytter på hverandre – skriker og skråler. Bussen ankommer og de stiger på – de skal på skolen.

Men det skal ikke Arne og Øystein. De står noen hundre meter ovenfor og gjemmer seg bak et lite skogkratt – venter på at bussen har passert før de spaserer ned.

De tar en liten, skjult avstikker; stien er godt kamuflert av skogen. Det er kun på enden av stien at de må traversere et farlig stykke – åpent – hvor andre, voksne, kan få øye på dem.

Selv om det er et godt stykke til nærmeste hus, er det mulig for noen, om de ser ut akkurat da, å oppdage dem. Arne og Øystein krymper seg – prøver å gjøre seg så små som mulig – nærmest som mus.

Snart er de framme hos Arne. Mora til Arne går deltid på skole og er borte rett som det er, hvilket fører til et perfekt tomt hus som passer utmerket til skulking.

De kommer seg inn. Fyrer opp C64-en og laster inn Terry's Big Adventure. De har gledet seg til dette en stund. Arne skriver inn LOAD-kommandoen med det lille RUN/STOP-trikset som autostarter spillet. Han hadde også lært seg trikset med at man kan trykke «C» på alle spill som var cracket av TRIAD for å få tilgang til juksemenyen (C for cheat).

*

Level 1
Det som gjør Terry's Big Adventure til deres favorittspill er at det er bygd på samme lest som Super Mario Bros og The Great Giana Sisters, men tar sjangeren et skritt videre. Kort sagt er Terry's en utfordring allerede fra første brett. Det er så vanskelig at selv om gutta har satt på juksekode for uendelig liv sliter de med å komme seg videre. De spiller fem liv hver, men likevel trenger de ikke vente lenge mellom hver tur.

*

De andre som gikk på samme busstoppet som Arne og Øystein, det vil si Janne, Nils, Kristian og noen ganger Karianne, maste alltid på de to at de ville være med å skulke. Men Arne og Øystein hadde sin greie og hadde på følelsen at flere kokker ville bare ødelegge deres perfekte opplegg. Arne hadde riktignok lyst på ha med Karianne siden han synes hun var deilig og Øystein følte noe av det samme for Janne.

*

Da de var ferdig med første brett, gikk de ut for å kjenne sine lunger forpestes av røyk. Det var en varm og deilig aften og de gikk opp på taket og solte seg.

- Fy faen, har du sett apen?
- Du mener på C64?
- Ja.
- Det er lite døvt, da, en ape som runker.

Arne ble plaget av en veps. Han slo til vepsen med neven og vepsen døde momentant.

De ler litt av det. Som tidsfordriv når dødsstikkene er ferdige sitter de med hver sin kalkulator og taster inn 123+ hundre og tjuetre ganger.

- Vet du, Lisa er lite pen, da. Jeg kunne godt tenke
  meg å bli sammen med henne.
- Ja, jeg åsså; vi får se hvem som får henne først.

- Men du? Blir du pissed hvis det blir meg?
- Du kødder. Du får a faen ikke først ... Det blir meg.
- Vi kan dele ha?
- Veit ikkje – e e nå litt grådig.

Øystein kunne ikke være noe dårligere enn Arne og prøvde å drepe en annen veps med håndleddet, men han bommet litt sånn at vepsen kom tilbake. Denne gangen var den sint, men heldigvis også skamslått. Andre gangen ble den most til en ugjenkjennelig sørpe.

*

Level 2
Det er ikke godt å si hvor frustrerte guttene ble noen ganger under deres evige strev med å redde Terry fra alle mulige og umulige farer. Plukke sopper og kratt – styre unna grønne sopper. Hoppe over farer og surfe over vannet. Skyte forskjellige vesener som vandrende steiner og unevnelige klumper.

*

Tre måneder tidligere hadde kongen dødd. Tristheten kunne føles over hele nasjonen; sorgen var til og med spredd utover landets grenser – spesielt hos de yngre. Arne og Øystein hadde nektet å ta del i minneseremonien. Flere følte som dem, men skolen stod på sitt og ville ikke gi noen fri.

Det endte med at et ukoordinert, uavhengig sammensurium av en gjeng samlet seg i storsalen og minnet kongens død med å titte på Freddy's Nigthmare On Elm Street 3.

Da Freddy skrapte de lange skarpe klørne sine mot veggen og skrek «Lisa! Lisa! I am talking to you!», frøs Lisa sammen. Hun ble litt redd selv om hun satt lunt mellom Arne og Øystein. De hadde begge lyst på å bli sammen med henne, men ingen av dem turte å ta skrittet ut.

Dessuten verdsatte de kameratskapet høyere enn å bli uvenner over ei jente.

*

I spillepausen satt Øystein og leste i Cupido-bladene til mora. Han gjorde store øyne.

- Her er det en som skriver inn at han har et problem ...

Øystein faller i latter, men klarer å samle seg nok til å fortsette.

- Det står at han kun har 2–3 centimeter i erigert tilstand.
- 2–3 centimeter? Det går da ikke an? Det er jo som ei fitte.

De ler hemningsløst begge to. Arne finner en annen merkelig innsender lengre nede.

- Se der: det er en som skriver at han ble med ei fremmed dame
  hjem som ba ha ham om å drite på henne. Så gjorde han det.
- Fy faen, det er sykt altså. Tenk om det hadde skjedd deg? Hadde du gjort det?
- Ikke faen, det er bare way out. Forresten, mor di ringte.
- Hva?
- Sa at du skulle legge fra deg Cupido-bladene.
- Kødd.

*

Level 3

Det tredje brettet var en evig hodepine for gutta. De satte seg alltid fast inne i hula. De strevde og prøvde alle merkverdige ideer de kunne – hver bidige skulke-gang med det eneste resultat at de måtte laste inn spillet på nytt og benytte juksekoder for å kommer videre til brett 4.

*

Brødboksen, Commodore 64, er verdens mestselgende datamaskin noensinne. Et år etter sin erklærte død hadde den allerede solgt 18 millioner enheter og salget sluttet ikke før massive 12 millioner flere enheter var revet ut av hyllene. (De lærde strides dog om de eksakte tallene.) Maskinen var en ubestridt pioner innen datateknologi og introduserte mange teknikker som senere har inspirert designet på andre plattformer. Den beryktede SID-chipen som originalt hadde tre kanaler, hvorav man med tiden klarte å utnytte en (virtuell) fjerde kanal til bruk for 4-bits sampling av lyd (senere har man også klart å få til 8-bits sampling), har et så særegent lydbilde at den i senere tid ble benyttet i synten SIDstation og i spesielle lydkort kalt HardSID.

I alt finnes det mer enn 15000 spill og applikasjoner for enheten, og det var i sin tid at man fikk den store fødselen av hjemmemusikere, hjemmeprogrammerere, fri programvare og ikke minst demoscenen. Hackere (ordet brukes her i sin originale betydning) som satt hjemme og utviklet og oppdaget nye måter å tvinge hardwaren til å gjøre de mest utrolige ting, bare for en uke senere å bli slått av en konkurrerende gruppe mennesker.

Brødboksens utrolige innflytelse på moderne teknologi, musikk, grafikk og kreativitet er nesten ufattelig å forstå. Den vil alltid ha en plass i hjertet eller loftet til millioner av mennesker.

Den lever i det beste velgående den dag i dag, og hvert år utgis det nye fantastiske produksjoner til platformen.

Det er særdeles usannsynlig at det noensinne vil finnes en datamaskin som kan danke Commodore 64 av tronen.

*

Level 4

Nå begynner det å bli skikkelig vanskelig, hoppe rundt i skyene. Stjerner, ballonger, uvær, hemmelige ganger og bonuser. Det er først da at gutta blir nervøse for hvorvidt de kommer til å klare hele spillet før dagen er omme.

*

De dagene Karianne kommer på busstoppet pleier hun ikke å få noen bra mottagelse. Dette er litt til Arnes fortvilelse, men han er altfor redd for å bli mobbet til at han tør å vise at han er på hennes side.

De lugger henne, dytter henne, mobber henne. Ingen av disse tingene bunner dog ut i særlig ondskap og Karianne liker det litt selv; det er av den grunn det hender hun møter opp der – for all oppmerksomheten hun får.

*

Siden gutta begynner å kjenne sulten gnage, drar de inn på kjøkkenet og setter i gang med å kokkelure. De lager Bjørn-Inge-burgere – de beste burgerne. Hemmeligheten ligger i å bruke digre, saftige 300-grams burgere som de hadde lurt til seg fra Bjørn personlig. Bjørn og Inge var de virkelige oppfinnerne bak burgeren. Sammen med salaten hadde de småhakk av løk og paprika som de dynket Chef's hamburgerdressing på. Et stykke utsøkt smeltet Edamer lå oppå burgeren.

Toppen av kaka var ananasbiter og velsmakende baconstrimler.

*

Level 5
Det var et kjærkomment avbrekk etter det grusomt anstrengende fjerdebrettet. Ikke at det på noen måte var lett, men vanskelighetsgraden var redusert en smule – omtrent som de tidligere brettene. Riktignok var det noen morsomme vrier og noen vandrende røtter som kunne skape mer enn nok hodebry.

*

To uker tidligere hadde Arne og Øystein omsider gått med på å skulke sammen med de andre. Arne og Øystein hadde lagt ut en plan sammen med de andre. Nils og Kristian hadde stått opp tidligere og møtt Janne. Men hvorfor hadde ikke Karianne kommet? Arne og Øystein meldte heller ikke sitt oppsyn; tiden gikk og de turte ikke å vente lenger; av dårskap begynte de å løpe sikksakk mellom husene.

Karianne hadde glemt av det hele og da hun omsider kom gående og fikk øye på de andre løpende rundt som forvirrede veps og skulle til å slutte seg sammen med de andre, hørte hun plystring fra en busk ovenfor busstoppet. Det var Arne som vinket henne opp.

- De andre gutta kommer til å drite seg helt ut; vi kommer
  til å gå på bussen når den kommer om få minutter – det
  bør du også hvis du ikke vil bli tatt i å skulke.
- Men jeg har ikke med meg noe skolebøker,
  bare deilig nistemat og noen leker.
- Jeg har matte, tysk, norsk og engelsk i dag. Du har jo ikke de
  samme timene samtidig så hvis du trenger noe, kan du få låne.
- Du er en knupp, men samfunnsfag mangler jeg.

Karianne ga Arne et kyss på kinnet. På kinnet oppstod det en merkelig pressende følelse som brede seg ut over hodeskallen til Arne.

- Ja, da får du bare ta en *spansk* vri og si at du har glemt bøkene i den timen.

Saken var biff. Øystein kom også ut da bussen kom; deretter for de avsted – til skolen. Ved lunsjtider satt Øystein og Arne på langsida av fotballbanen og hadde piknik med Karianne og Lisa da rektoren kom bort til dem og spurte om de visste noe om de andre; de hadde blitt fersket i skulkingforsøk og måtte

82

komme til skolen likevel. Verst var at de måtte sitte igjen etter skoletid og gjøre straffelekser.

Piknikgjengen gjorde store, uskyldige øyne og latet som de ikke visste noe. Da rektor var forsvunnet, lo de godt.

*

I spillepausen hadde gutta funnet fram en bok fra 1952 som de hadde funnet på loftet: «Sexual oplysning». De leste med bisarr begeistring om forskjellige metoder som for eksempel strømsjokk for å motvirke ufrivillig ereksjon og sædutløsning. Favoritten deres var bak i boka hvor det var tatt med noen innsenderspørsmål. Det beste lød sånn:

«Kan man ha samleie når man bruker gummi?» Det fant de hysterisk morsomt og lo godt før de fortsatte å spille på brødboksen av en maskin. Det var jo ingen tvil om at man i så fall måtte bruke Chochan, den mikrotynne.

*

Level 6
Dette brettet var nok en gang diabolsk besværlig, guttene vred vettet sitt ut av joystickene, bannet og slet. Det var pansrede jævler som ikke kunne drepes, men som man måtte hoppe over, men det var altfor lite plass. Det var nesten så de lurte på om det ikke hadde vært lurere å spille en runde av Ninja Mission istedenfor. Arne nynnet på temamelodien som hadde gått i hodet på gutta, og Øystein skjerpet seg så godt han kunne. Dette skulle de klare.

*

Nils, Kristian og Janne hadde vært potta sur på Øystein og Arne etter at de ikke var i stand til å skulke skikkelig som en gruppe. Øystein var i et dilemma: han ønsket å få inn aksjer hos Janne, men uten å miste ansikt til noen av gutta; han var rett og slett litt snurt på Arne som hadde klart å få Karianne ut av det, mens han ikke hadde vært på hugget nok til å si fra til Janne.

Han kunne selvfølgelig satse på Lisa, men han var ikke sikker på om hun likte ham eller Arne best. Det var viktig å ha aksjer hos så mange jenter som mulig.

Det viktigste av alt var dog at de hadde fått roet ned maset om at de andre skulle være med å skulke – la de proffe drive med sitt.

*

83

De slappet av med litt telefonterror. Dette var i den gamle analoge tiden uten GSM-mobiler og uten nummervisning på telefonen – derfor var det fritt fram for gutta å utgi seg for å være hvem som helst. Arne Begynte. Det var en gammel dame på ca. 50 år som løftet av røret.

- Hallo.
- Hei, det er Benny på andre sida.
- Ja?
- Ja, du skjønner, jeg og gutta har drevet og spilt fotball i dag.
- Ja?
- Og så sparka Jonas ballen langt av sted, og vi har ikke klart å finne den, vi lurte kanskje på om dere har sett en ball?
- Ja … jeg vet ikke ... hvordan ser den ut, da?
- Det er en vanlig fotball, rutete, hvit og blå.
- Ja, skal vi se … Arne!? Arne!? Det er noen som ringer om en fotball.

Damen la fra seg røret og det ble vanskelig å høre hva som ble sagt. Etter en del romstering var hun tilbake i røret.

- Hvit med svarte ruter, sa du?
- Ja.
- Ja, en sånn ball har vi her.

Arne holdte på å knise. Han hadde ikke forventet at de skulle finne en ball. Han holdt seg hardt i kjeften med venstre hånd for å roe seg ned.

- Ja, fint, da kommer vi med en gang for å hente den.
- Ja, der var dere heldige, hva var det du sa du het, igjen?
- Bjarne; Bjarne Nordin.
- Er du svensk?
- Det hører du vel at jeg ikke er.
- Det er bra, for vi liker ikke svensker her.

Etterpå var det Øystein sin tur. Han ringte opplysningen og ba om nummeret til en homoklubb i nærheten av Askøy. Arne falt helt i latterkrampe, men Øystein overså dette og holdt seg helt seriøs. Damen måtte dessverre meddele at hun ikke kunne finne noen homoklubber der og lurte på om hun skulle ta et bredere søk? Øystein påstod hårdnakket at det skulle finnes en klubb der og spurte damen om hun kunne sjekke etter vanlige utesteder og si navnene. Hun ramset opp noen steder og til slutt bekreftet Øystein anerkjennende at dette var stedet. Etter at han la på, falt begge guttene pladask i en heftig latterkule.

*

Level 7

Her ser vi klart referansene fra undergrunnsbrettene i spillet The Great Giana Sisters som ble ulovlig fordi Nintendo saksøkte spillet fordi det lignet for mye på Super Mario Bros. Denne gangen er brettet nok en gang noe lettere, men gir likevel ikke mye rom for gutta å puste ut på.

*

Hver torsdag satt de som klistret til skjermen. Det var kultserien Twin Peaks som rullet på skjermene. Det var stas; folk fra nær og fjern samlet seg sammen for å få med seg mysterier om Bob og andre ugler. De ble skremt og gledet av fryktelig god kaffe og digre smultringer. Serien som kombinerte David Lynch sin galskap med en dose teenagedrama fra Mark Frost, ble enten genierklært eller hatet.

Arne og Øystein brukte pausen til å diskutere hvem som var Bob og hvem som var den peneste jenta i serien. De ble selvfølgelig aldri enige med seg selv siden det var flere jenter som kvalifiserte til førsteplassen. Det eneste de var enige i var at de burde lage en pornofilmversjon med alle jentene.

*

Level 8

Av en eller annen grunn er dette begges favorittbrett. Det er ikke lett å si om det er vannet eller det at monstrene de på fint kaller «kjøttodd» er tilbake, som er grunnen. Det er alltid vanskelig å definere hvorfor og hva det er som gjør at man får en favoritt.

*

Øysteins samling av pornoblader var beryktet i nabolaget og han hadde stadige problemer med å holde dem skjult fra foreldrene. Han hadde alle slags merkverdige blader og i det siste hadde han gitt seg i kast med å samle filmer også. Det bød på alle slags plass- og gjemmeproblemer som både bekymret og moret Arne.

Arne pleide å la seg inspirere av disse tingene og komme med alle slags merkverdige og underfundige små, perverse forslag. En annen viktig inspirasjonskilde var det småsyke underholdningsbladet Pyton.

For ikke lenge siden hadde mora til Øystein kommet over et av bladene hans. Han hadde klart å lure henne til at han ikke visste noe om det og så smått hintet om at det sikkert tilhørte faren. Noe som selvfølgelig ikke hadde falt i god jord, desto mindre da faren fant ut av det.

Faren hadde banka Øystein – om enn bare litt – og han hadde «knekt sammen» og skyldt på en dårlig kompis som hadde gjemt det hos ham fordi han ikke turte å ha det med hjem.

Begge foreldrene hadde godtatt det; foreldre elsker å bli servert løgner som setter deres egne barn i et bedre lys.

*

Guttene tok hver sin telefon og ringte Åpen linje – kontakttelefonen. De var like før stemmeskiftet og derav var det mange kåte, eldre menn som mistok dem for å være damer. Det benyttet de seg rått av og sjekket rubbel og bit og avtalte forskjellige dater. I dag var det en de skulle møte i hovedstaden senere om kvelden. De lo godt for de skjønte lett at dette var lettere desperate menn som kom til å møte opp og vente febrilsk på sin utkårede som aldri dukket opp.

*

Level 9
Vanskelig sier du? Til nå har det bare vært barnemat. Fiskefôr kjøpt på butikk og kasta i akvariet. Nå har det blitt alvor. Såpass alvorlig at gutta drar seg i håret og ønsker seg langt vekk. De skriker og skylder på at joysticken er dårlig. Etter hvert klarer de likevel å komme seg sakte videre og gjenoppdage på nytt hvordan man kjemper seg igjennom de umulige hindringene.

*

Selv om Øystein og Arne var heftig interessert i jenter og oppførte seg som to brunstige raringer, så frykt ikke; de var begge ganske naive og uskyldige og ingen av dem hadde vært nærheten av å ha sex. Øystein hadde nylig vært sammen med Trude, men de hadde bare hatt heftige tungekyss som han egentlig syntes var noe ekkelt og pinlig, så han var mest glad det var over. Arne på sin side hadde enda dårligere erfaring da han hadde kysset ei med så dårlig ånde at han nesten hadde spydd.

*

De gikk opp på taket igjen og nøt solen og røykte de siste sigarettene de hadde. Det var ikke lett å holde seg med sigaretter på ukepenger.

Vepsene kom i hopetall nå. Det kunne nesten virke som om de kom for å hevne sine falne kamerater. Gutta fant fort ut at det var et bol like under mønet og de visste råd. De fant en støvsuger og angrep hele bolet.

Man kan kanskje tenke seg at det var en skummel sak, men støvsugeren sviktet ikke og snart var det yrende vepselivet fanget inn og begrenset til en skjebne rett i støvsugerposedøden.

De fant hendelsen morsom og lo litt.

- Du kan tre støvsugeren over stakan nå, så kan du få spesialbehandling.
- Ha ha, både sug og stikk ...

*

Level 10
Dette er en blandet affære, det er nesten som utviklerne har sluppet opp for gode ideer og bare pøser på med gemene ting, eller kanskje det bare er et oppsop for de ideene de ikke har fått plass til på andre brett. Enkelt er det riktignok ikke, men likevel lettere enn forrige brett. Når guttene er ferdig, finner de ut at klokken har løpt fra dem og at de ikke kan fullføre spillet i dag. Det er første gangen de ikke har klart det. De er litt smågretne på hverandre. Har de vært i dårlig spilleform i dag? Hvorfor klarte de ikke å «runde» spillet? De småkrangler og skylder på at den andre ikke spilte bra nok.

De forlater huset og starter på den litt skumle veien tilbake, nå gjelder det å ikke bli oppdaget.

Det er noen store øyne som stritter mot dem. Stirrer. Vil ikke flytte seg. Veien er sperret av en flokk kuer med horn. Guttene er usikre på om det er kuer eller okser og blir med ett veldig redde. Redde for dyrene og redde for at de ikke skal rekke tilbake i tide.

Øynene stirrer utilgivelig på dem – gjennom dem. Hvorfor har kyrne så mye trass? Hvor kommer trassen fra?

Til slutt klarer de å få gjort litt plass ved å tvinge seg fram og veive litt med to trepinner, men kyrne følger etter dem. Guttene vet at de ikke må løpe, for frykt vil dyrene merke med en gang og benytte seg av. De skriker og hoier mens de forsiktig kommer seg vekk.

Når de har klart å få noe avstand, begynner kyrne å løpe. Faen. Øystein og Arne løper også. Det er et race nå – et race om å komme seg unna i tide. De svetter, peser og presser kroppene sine til det ytterste.

Akkurat før de blir nådd igjen, klarer de begge å hoppe over et gjerde. De er reddet for denne gangen. De puster ut i bakken, og resten av reisen tar de rolig og stille tilbake til bussholdeplassen. De gjemmer seg i buskene ovenfor og venter på at bussen stopper og de andre kommer ut.

- Du, Arne?
- Ja.
- Jeg synes det var skikkelig trist at kongen døde.
- Ja, jeg åsså, men man kan ikke vise det til de
  andre. Det er viktig at vi er tøffe.
- Ja, vi har et image å ta vare på.

Når bussen har kjørt, blander de seg med de andre som om ingenting har skjedd. De andre sier ingenting, de heller – de vet at de ikke er inkludert.

«Alle har sine mørkere sider.»

Han trengte desperat å få skiftet klær; han luktet; han var i en bopel der det var feil kjønn som bodde og rådde. Han hadde nok engang våknet i hytta alene; hun var sikkert ute på sine sære gjøremål. Han begynte å romstere urolig rundt i leten etter noen andre klær som kanskje kunne passe ham.

Det var noe litt ulovlig over det hele: å snike seg rundt i hytta og rote igjennom skap, kommoder, skuffer, ja faktisk det meste han fant. Men han måtte finne seg noe klesskift. I den lille, trange gangen som var overfylt av alskens saker og ting, var det en flettet kurv i et hjørne hvor han overraskende nok fant noe som kunne passe ham. To mørkegrønne, gyselige frakker med hetter. Samt noen få skift med herreundertøy. Selv om han ble glad – lettet over dette – var det et spørsmål som gnagde mer på ham: *Hadde det vært mannfolk her før?*

Senere, da det ble kveld, fortsatte de sine halvheftige, verbale sleivspark. Det virket ikke som hun enset hans nye klesstil i det hele tatt. Men denne gangen spiste de ikke lenger den utmerkede suppen som hadde en absurd tendens til å havne i hodet og flyte utover kroppen hans. Denne gangen var det et underlig, utsøkt måltid av fast føde – av forskjellige grønnsaker tilberedt på en nydelige måte med et variert utvalg av urter.

- Ditt hovedproblem er at du tror at det er noen andre, noen
    eksterne til deg, som skal fikse problemene i ditt liv.
- Jeg forstår, nå er rollene plutselig skiftet om og det er du som angriper meg.
- Med god grunn. Hva nå enn det var i den «virkelige» verden som
    du hadde – levde i – hadde du faen ikke ryggrad til å stå opp for
    det. Fant likeså godt ut at du skulle finne en utvei – rømme lissom.
    Bare stikke ut – opp på fjellet her til meg – så ville jeg ha noe på
    lur som kunne fikse hva det enn er du ikke orker å ta tak i selv.

Hun etterligner hans gåseøyne, tydelig som en parodi under ordet «virkelige».

- Nei, faen …
- … faen? Ikke prøv å lur deg unna. Skal du noen gang finne det du leter
  etter, må du først forstå en ting. Det er ingen utenfor deg – ingen kjære
  mor, heks, eller ei eller annen alkymistdame – som på underlig vis
  kommer til å dukke opp og fikse livet ditt. Det er kun du som kan ta tak
  i det som er vanskelig og gjøre noe med det. Å rømme hjelper ikke. Men
  de andre – vi andre – kan hjelpe til så lenge det er du som bærer korset.
- Har du sittet hele dagen og kommet opp med en måte å
  angripe meg tilbake? Nå er du faen meg urettferdig.
- Rettferdighet for deg selv er noe du må skape.

Det var inderlig bra det ikke var suppe på menyen; ellers hadde han kastet den
rett på ha; og antagelig ha oppnådd endelig forvisning fra plassen. Istedenfor
reiste han seg og gikk i stum protest.

Pytt 530

Pappa.
Å føle seg forlatt.
Å tørre å knytte seg til noen.
Likesinnede,
kommer når det er klart.

Lykkelighet,
i mitt liv.
Ærlighet.
Jeg lever rent,
det er Meg.

«Det er ingenting som frisk fjelluft.»

Det var noe med det her stedet som var fortryllet – hver dag var like vidunderlig vakker. Fylt av frisk luft, av liv og lyder som lekte med ham. Han elsket det. Samtidig levde han i konstant frykt for at hun ville avvise ham – sende ham hjem igjen.

Han ville være her hvor alt var godt. Hvor tiden stod stille og hadde sikkert alltid gjort det.

Etter forrige krangel hadde de ikke snakket mye sammen. Det hadde gått dager uten at de vekslet ord. Det var som hun ikke ville – orket ikke å gå inn i kommunikasjonen igjen. Kanskje hadde hun et ønske om å fryse ham ut?

Samtidig hadde hun akseptert ham i stillhet – vist ham det daglige arbeidet. Han studerte og lærte av henne hverdagens gjøremål. Det var et underlig virke; store mengder lærdom å suge til seg; så meget å studere. Han fikk også tid til overs til å lese bøker – underlige bøker med formularer, matematiske utregninger og gamle, godt skjulte hemmeligheter. Selv om det sies at hjernen slutter å utvikle seg mellom 25- og 35-års alderen, simpelthen slukte hjernen informasjonen til seg som en tørr svamp.

Det gikk ikke mange dagene før han kunne ta seg av mye av arbeidet alene. Hun begynte, så smått, å trekke på smilebåndet.

Men snakke sammen, det gjorde de ikke.

Pytt 74

For sent

«Hva ville det siste du kunne gjøre vært,

om du var med i et fly som krasjet?»

Det var ikke den uroen som man noen gang kan kjenne der man befinner seg oppe i 30000 fot og vet at skjer det den minste feil på eller med flyet, kan det være veldig lite man kan gjøre for å komme seg velberget ned, som plaget ham. Nei, dette var mye verre.

Han hadde døset av allerede før flyet tok av og rykket til noen timer senere. Nakken verket. Hva var det han hadde drømt? Han ristet i hodet – i tankene. Hele sitt levende liv hadde han visst at Den Rette ville komme til ham gjennom drømmen. Bare da ville han vite hvem det var. Han hadde drømt om Henne. Det var hun som var den utkårede.

Han hadde nettopp forlatt henne, nettopp fordi han ikke hadde drømt om henne før han satt plantet der, i flysetet. Her var han på en lang flight til Seychellene og hun stod i kirka og giftet seg med en annen. Han reiv til seg den nærmeste flyvertinnen og ba om å få ta en telefon. Vertinnen var forferdet over hans oppførsel, men instruerte hans Visa-kort inn i telefonterminalen.

Men da var det allerede for sent.

Hun var rasende på ham; skrek at hun aldri ville se ham mer. Han kjente at strikken av liv i hele kroppen var i ferd med å renne ut av ham. Han begynte å skjelve.

Resten av flyreisen var et rent mareritt.

Villaen jeg tok inn på var helt idyllisk med min egen personlige strand, men jeg hadde ikke øyne for det. Jeg fant mitt rom, fant min seng, jeg fant mitt laken.

Jeg forble under lakenet i 18 timer.

«En stor del av egen framgang er oppdagelsen om at ens egen store plan var feil, og den tilsynelatende tilbakegangen som resultat av det.»

Ikke alle bøkene han leste i stillheten handlet om alkymi eller alt som var rundt dette; i en bok som handlet om selvutvikling, fant han dette sitatet som han tenkte mye på:

«Selv om det for noen kanskje kan være vanskelig å tro på, så er det faktisk sånn at din egen kropp har en overordnet vilje for at du skal ha det godt. Altså i tillegg til din beviste del jobber de ubevisste – kroppen, sjelen og det åndelige av deg – konstant for at ditt liv skal være så bra som mulig. Altså, du er din egen skytsengel. Din egen personlige hjelper.»

Han lo litt krast for seg selv og lurte på hva det egentlig betydde. Om det var noe han kunne dra nytte av? Hva var det egentlig som hadde fått ham hit til denne hytta oppå viddene?

Hvordan kunne han egentlig vite at han ville finne noe her oppe – på sin egen personlige pilegrimsferd på denne høyden? Var det galskap eller bare flaks? Eller var det virkelig en dypere mening med det hele?

Men hva var det egentlig han skulle her? Hvor lenge ville det vare før hun virkelig ble lei av ham og kastet ham på dør? Hva lette han etter?

Pytt 445

Q

«Hvis jeg sa at du er den vakreste rose, dronningen

av blomsterengen, den nydeligste månestråle, ja,

den beste på jord, da måtte jeg ha blitt kalt løgner,

fordi du er uendelig mye mer enn det.»

Ofte er det når man sitter der – alene – og pleier en hangover og flytende fluktuasjoner av fylleangst, at man også får en hang til å reflektere over meningen med sitt eget liv – ofte med negativt fortegn.

Jack var i en av sine selsomme hjørner; han fattet ikke hva som skjedde med livet hans. Hvorfor han satt i kåken sin – atter en gang alene – atter en gang fyllesjuk – og atter en gang full av angst? Hvor var det han drev livet sitt?

Han var dog ekspert på å skyve det vonde – det som stakk tungt i ham – fra seg. Komme seg til hektene – sånn at livet kunne fortsette framover i susende fart nedover den samme skrenten.

Jack var en mann i villfarelse; ikke bare akkurat nå, men konstant. Kjedsomhet lot livet drive ham videre mellom jobb, fest, jobb og fest. Kjærlighetslivet hans var øde; han traff mye damer – som forsvant like fort som en boble sprekker.

Han kjente et umåtelig behov for frisk luft og krøkket seg ut døra – viste fjeset sitt mot vinden på den lille unnskyldningen av en grasflekk utenfor.

Det var da han ble pinlig oppmerksom på en urgammel mann med skjeggvekst som irriterte ham plagende mye. Den gamle stirret på ham med en utslitt pipe slengende til venstre ut av munnviken.

Øynene deres møttes. Han skjønte ikke hvorfor den gamle stirret på ham.

- Hva vil du?
- Det er du som er Jack, sant?
- Mmm, kanskje.
- Ta det rolig jeg er ikke her med dårlige nyheter.
   Jeg vil bare snakke med deg litt.
- Hvorfor skal jeg ville det; er du fra Jehovas Vitner eller noe?

Den gamle tar noen skritt framover. Han tar ut pipen av munnen og tar fram høyrehånden – stikker den over gjerdet for å hilse. Jack ser mistroisk på den.

- James Waller – doktor. Jeg lurer på om du har tid til å slå av en prat
   med meg; jeg har nemlig et interessant tilbud å komme med.
- Kjøp 10 for 1, gratis forbruk av dopapir et helt år?
- Nei, noe ganske annet. Kan jeg komme inn?

Jack vil ikke. Ønsker ikke å ha denne James Waller her. Han ønsker bare å være mutters alene. Pleie seg selv og komme til hektene igjen. På en annen side er han ikke kvikk nok til å komme med en unnskyldning og før han vet ordet av det, sitter de begge rundt det lille bordet og diskuterer.

- Jeg vet at du liker sjakk; skal vi spille et parti?
- Jeg har ikke spilt sjakk på evigheter så jeg aner
   ikke hvor du har opplysningene dine fra.
- Men det kan hende du vil sette pris på en match nå likevel?
- Jeg er redd jeg ikke kommer til å være mye til motstander.
- Det gjør intet; du skal nok se at det er utrolig hvor
   fort du får tilbake gamle ferdigheter.

Jack føler på seg at dette går feil vei. Skal han sitte her sliten og fæl og dankes i støvlene av en gammel olding som han ikke kjenner engang? Ja, tydeligvis er det en av *disse* dagene.

Han får lov til å ha de hvite brikkene – privilegiet av å starte spillet.

- Som sagt tidligere, heter jeg James Waller. Jeg er forsker innen
   forskjellige grener som kalles med fellesnevner A.I. eller kunstig
   intelligens. Jeg vil dog si at vi jobber mer og mer mot et mål der
   selve intelligensen ikke kan defineres som rent kunstig lenger. Jeg
   vet at du er en mann som har interesser innen vitenskap, men er
   du oppdatert på hvor langt man har kommet i dette arbeidet?
- Du mener om man har klart å lage datamaskiner som er smarte

nok til å kunne drøfte og undre seg over sin egen eksistens?

- På sett og vis, men vi pleier å definere det mer detaljert som målet med
å rekonstruere den menneskelige hjerne i et simulert miljø og fra dette
kunne videreutvikle den intelligens som mennesket har – uendelig mye.
- Jeg har jo lest litt om det, men jeg er ikke sikker
på om du sikter til noe spesielt.

Jack taper spillet etter fire trekk. Han skammer seg; bare dårer gjør sånne tabber.
Det er ikke lenge før de er i gang med neste spill.

- Du vet sikkert at målet med at en relativt liten datamaskin kan
lagre den samme mengde data som den menneskelige hjerne
kan er i ferd med å nås. Faktisk er den nådd i disse dager. Du vet
sikkert også at vi driver og simulerer deler av menneskehjernen
syntetisk for å lære oss om de forskjellige funksjonene.
- Det har man drevet med lenge.
- Det er riktig, men i det siste har vi gjort betydelige
framskritt og kommet mange steg lenger. Vi har også
begynt med syntetiske simuleringer av hele hjerner.
- Hva sikter du til når du sier «syntetiske»?
- Altså det er rene simuleringer av hjernen der vi har basert oss på
at resultatet av årevis av forskning, men det finnes ingen reell
data i hjernen – bare modeller på hva som kunne ha vært der.
- Det vil si?
- Vi har ikke brukt dataene fra en ekte hjerne, det vil si at en sådan
simulering må læres opp fra begynnelsen som en liten baby, og
det er kun mulig å få noe sånt til hvis man klarer å tilrettelegge
miljøet rundt virtualiseringen hundre prosent korrekt.
- Jeg må si jeg er litt fascinert av emnet, men fortell
meg nå hva som egentlig er poenget.
- Som du forstår, er en av målene våre å kunne laste ned all informasjon
i et menneskes hjerne og laste det opp i en av våre simulatorer. Vi
har allerede klart å gjøre dette med stor suksess med 93 forskjellige
dyrearter, inkludert sjimpansen. Det er bare i tre av tilfellene,
og det var tidlig i prosessen, at testene fikk fatale utfall.
- Døden?
- Noe der omkring, ja. Vi har nå kommet til det ultimate
vendepunktet, der hvor vi er klare, klare for revolusjon!

Det blir en pause.

- Sjakk matt.
- Du mener klare til å laste opp en menneskehjerne?
- Ja, og at jeg har vunnet dette partiet også. Vil du prøve en gang til?

- Ja, jeg kan jo ikke la deg vinne hver gang, gamlis.

Det tredje sjakkspillet er i gang. Jack har de hvite brikkene som vanlig. Han merker at de to rundene har fått ham til å tenke igjennom mange trekk som han kunne tidligere. De dukker opp i hodet som gamle venner. De er litt uklare og han har problemer med å konsentrere seg da James også snakker om mye annet som krever hans oppmerksomhet.

Han kjenner at strupen er noe tørr og går inn for å hente litt juice. Han spør James først om han har lyst på, hvorpå den gamle nikker og ber om en whisky. Det blir til at de begge blir sittende med hver sin store dram Jim Beam med til sammen fire isbiter.

- Hvorfor sitter du her og forteller meg dette?
- Fordi vi har etter nøye vurdering kommet fram
  til at vi ønsker å bruke din hjerne.
- Nei, nå må du gi deg … Du har ikke stukket av fra mentalen eller noe?

Jack ser oppgitt rundt seg og forsøker å le, men blir stoppet når han ser at James ikke fortrekker en mine – han er like seriøs og monoton som han har vært siden det øyeblikk han tro inn i Jacks liv. Det går opp for ham at James mener alvor.

- Men, men hvorfor meg?
- Fordi du har en profil som passer perfekt for det som vi ser etter.
- Som er?
- Det er utrolig mange sider ved en menneskelig hjerne og på sikt
  ønsker vi å vite alt. Men til å begynne med er vi interessert i en
  hjerne med en viss profil. En som kan gi oss maksimalt utbytte av
  data. Vi trenger en person med høy intelligens, naturligvis.
- Ja ja, men jeg vet jo at det finnes mange som er smartere enn meg.
- Ja, det er det, men problemet med mange superintelligente
  er at de gjerne har mangler på andre områder.
- Sånn som du har?
- Hva behager?
- Du mangler definitivt noe.
- Nå er du frekk, Jack; jeg vet ikke om jeg vil fortsette denne
  samtalen hvis du fortsetter å oppføre deg sånn.
- Hah! Det er jo dere som er ute etter hjernen min; forventer dere at jeg
  bare skal sitte her og ta imot? Gi den til dere uten om og men?
- Du har et poeng, men det vil i alle fall hjelpe om du ikke var så
  aldeles frekk. Vi er jo ikke avhenging at det er din hjerne som blir
  den første; det er bare et ønske siden du har en god profil.
- Hva slags andre kriterier hadde dere?
- Ja, det er, som sagt, en hel menge kriterier som står til grunn, men i

prinsippet dreier det seg om å finne en person med allsidige egenskaper og interesser som kan være representant for flere nivåer i samfunnet. Av en eller annen grunn stikker du deg ut der. Dessuten har vi sett på alle dine medisinske data gjennom livet og disse pirrer vår nysgjerrighet videre. Jeg kan godt gi deg en kopi av det 43-siders tettskrevne dokumentet, om du vil.
- Men hvorfor skulle jeg akseptere dette?
- Sjakk matt.

Jack har tapt tre ganger på rad. Han gremmes. James svarer ikke på spørsmålet hans, men letter bare på hatten sin og sier at han vil komme tilbake om en uke og forklare resten. Jack tar seg en diger slurk av whiskyglasset. Legger merke til at James allerede har tømt sitt.

Med ett sitter han atter der alene. Han lurer litt på om dette egentlig skjedde, eller om han bare sitter der i kulden og fantaserer. Noen timer senere er flasken med Jim Beam tom.

Jacks problem var ikke å slukne i en flaske whisky. Det var noe med livet selv som var galt. Som om han ikke passet inn. Som om hetetoktene hans, fyllesvetten, ville være der selv om han ikke drakk. Utilpassheten var en del av hans liv. Han skjønte rett og slett ikke hva han drev på med her på kloden.

*

Han tenkte ikke noe mer på doktoren i uken som gikk. Det var mer enn nok annet å henge kloa i. Fru Petterson, hans nærmeste nabo, hadde bedt ham om å ta vare på blomstene sine mens hun var på ferie. Hun var en eldende enke på ca. 85 år, tross alderen sprekere enn Jack.

Hver dag holdt hun seg i form ved å drive hagearbeid samt å gå lange turer. Hun hadde frivillig tatt på seg hovedansvaret for felles utearealer.

Jack hatet blomster, men han visste godt at fru Pettersons families eneste ønske var å få henne stuet bort på gamlehjem sånn at de kunne selge leiligheten hennes og cashe inn pengene. Så mye kjærlighet hadde hennes sønner til sin store mor. Jack grøsset ved tanken og visste at han var like skyldig i mangel på ømhet for sin egen mor; men han ville aldri selge henne for penger – det ville bare forvitre hans allerede skjøre sjel – det var rett og slett feil!

Derfor tok han på seg oppdraget selv om blomstene plaget ham. Det var ikke det at de pinte ham noe særlig, men det var det faktum at de krevde noe av ham: disiplin. Disiplin til å passe på å gi dem oppmerksomhet til fastsatte tidspunkt.

Han fikk konstant dårlig samvittighet og angst for at han ikke skulle klare å geleide blomstenes liv i havn over fru Pettersons ferie.

*

På søndagen samme dag som fru Petterson hadde vært innom og gitt ham nøklene sine kom doktoren på besøk igjen. Plutselig stod han der i stuen. Han helte av to drammer whisky og isbitene var allerede på plass. Jack var forfjamset for han hadde ikke engang hørt James komme inn.

- For vitenskapen.
- Hva?
- Du lurte på hvorfor du skulle gå med på å la oss laste ned hjernen din.
- Ja?
- Og jeg svarer for vitenskapen.
- Ja?
- Det er ganske enkelt, Jack. Vitenskapen kommer til å gå videre
   uansett. Du har denne ene sjansen til å bli en viktig brikke
   i historien. Hvis du sier nei, finner vi jo bare nestemann på
   listen. Du har valget om at det er ditt navn som blir innprentet i
   historien. Det er ingen som vil huske deg om du sier nei.
- Og hva får deg til å tro at jeg vil bli husket?
- Alle ønsker å bli husket … at den dagen man kjøler om og
   blir kald, død materie er det noen som erindrer deg.
- Jo da, kanskje, men er det ikke sånn at hjernen min eksisterer fortsatt
   i en datamaskin, da er jeg vel egentlig ikke helt død, eller?
- Nei, vi begaver deg i tillegg med evig liv; er det ikke herlig?

Den gamle vrir kroppen sin som om han er 20 år og komiker; det virker litt uvirkelig siden det passer dårlig inn i hans ellers kjedelige stil. Jack holder tilbake latteren, men et smil brer seg over munnen hans. De tar nok et glass Jim Beam.

- Jeg vet ikke om jeg vil si det er herlig. Kjente personer har en tendens til
   å bli misforstått, overeksponert og hva de stod for endret i retning av hva
   andre synes er best. Ja, noen ganger til og med snudd til sin rake motsetning.
- Men, som sagt, din hjerne vil jo være rundt til å passe på at sådan ikke skjer.
- Så sant. Så sant.
- Skal vi ta et parti sjakk?
- Ja, det kan vi godt.

Jack hadde egentlig ikke lyst til å bli banket i støvlene igjen. Det skrek mot hans instinkt; likevel var han ikke tøffere enn at han sa ja.

Jack hadde de hvite brikkene igjen. De to første matchene gikk med dundrende

110

tap for ham. På tredje kampen var motstanderen allerede på vei til å bli ganske full.

- Jeg synes du burde få deg noe bedre whisky enn Jim Beam.
- Liker du ikke bourbon?
- Jo da, men det er mange andre som er meget bedre. En
  dedikert mann som deg burde jo prøve ut noe bedre.
  Kanskje du ikke passer i profilen vår likevel.

De smiler og ler begge to.

- Jeg liker mange typer whisky; det er bare akkurat nå at jeg har en
  periode hvor jeg er inne i en Jim Beam-strøm. Det går nok over snart.

James klarte ikke å vinne over Jack denne gangen selv om han var overdådig på brettet. Han hadde gått i remi-fellen. Han hadde rett og slett gjort den feilen at han ikke hadde forutsett at Jack begynte å få teften for spillet tilbake.

Det irriterte doktoren, han hadde vært uforsiktig og det likte han ikke. Han var litt snurt og resten av flasken kunne ikke rette på hans noe dårlige humør. Han ga Jack frist til neste søndag på å bestemme seg for deretter å brått forsvinne.

Jack hadde ikke mer drikkevarer i huset, han visste at han skulle på jobb igjen dagen derpå, men hadde lyst på mer; han tok en taxi ned til sentrum.

*

Sjefen hans var ikke overbevist da Jack ringte inn om morgen med hes stemme og proklamerte at han var sjuk. Sjefen kjente til Jacks vaner, men på en annen side var Jack en av hans beste arbeidere så han lot det gli.

Jack hatet dette. Han visste at sjefen visste. Han ville ikke. Men han visste at det var bedre sånn enn å møte opp på jobben brisen, stusselig og jævlig. Ettersom dagen gikk, klarte han å få plassert seg ut i den lille hageflekken sin og puste inn relativt frisk luft og – utrolig nok – da kvelden begynte å nærme seg, var han klar til å vanne blomstene.

Fru Pettersons leilighet var som et stykke gammel tid. Alt stod igjen som det hadde vært før mannen døde. Hun hadde aldri orket å godta følelsesmessig at hennes mann var borte og la sin flid i å beholde alt som den gangen. Jack la ikke spesielt merke til det – han var mer bekymret for sin kamp mot plantene. Menneske mot vegetablisk liv; han mot det grønne. Hvorfor var det sånn at menneskeheten på død å liv skulle ta med seg inn en organisme som trives perfekt uten stell ute? Kunne man ikke bare la ute være ute og inne være inne?

Hele seansen tok ca. en halvtime, men for Jack føltes det som en hel del lenger. Altfor lenge. Han ble fristet til å ringe den eldste sønnen hennes og fortelle ham akkurat hvordan ståa var. Han visste bare altfor godt at det ikke ville føre til noe annet enn at sønnen ville få nok en grunn til å dytte henne ut av sin egen bolig. Sånne mennesker eide ikke skrupler; de ville bruke alt til sin egen fordel.

*

Jacks hjerne funderte ikke noe mer på sin egen «kloning» inntil en e-post tikket inn på onsdag. Den inneholdt en del nyttig forskningsmateriale om prosessen.

Hvordan skanner man en hjerne? Først brukte man særdeles sofistikert skanneutstyr som skannet hele kraniet ned til minste nivå – det i seg selv var ansett av mange som såpass avansert at det ville være bra nok til å lese av de dataene som trengtes for å kopiere en hjerne. Dog var det en del skeptikere som ved lov hadde ført inn et krav om verifisering samt skanning ned til et enda mer detaljert nivå. Det skjedde ved bruk av ørsmå nanoboter som man sprøyter inn i blodet. De var spesielle nanoboter med den uhyre vanskelige programmeringen som trengs for å få lov til å passere inn til hjernen. De var rett og slett det ypperste innen nanoboter og det egentlige gjennombruddet som lå til grunn for at man hadde kommet dit hen at verdens første hjerne skulle bli digitalisert.

Det var også en del informasjon om hva man forventet at hjerneskanningen skulle lede til. Dette var merkelig lesing fordi den så ut til kun å vise de positive aspektene. At hjerneskanning ville endelig løse gåten på hvorfor kriminalitet og ondskap ble skapt. Man ville lage en databank hvor de nedlastede hjernene kunne kommunisere med hverandre og gjennom dette lage en samarbeidende Superhjerne – en kollektiv bevissthet – verdens største virtuelle, prosesserende enhet.

I lenger tid hadde nanoboter og annen cyborgteknologi for å støtte og øke kapasiteten til menneskehjernen og kroppen generelt eksistert og mange grupper hadde allerede begynt å bruke det. Det hadde skapt et heller kunstig skille mellom pure mennesker og cyborgmennesker, samt mye problemer vedrørende validering av tester, resultater og sådan. Noen land hadde lagt ned totalforbud mot cyborgmodifiseringer og individer som brukte det, ville ikke engang få innreisetillatelse. I andre land var det helt motsatt og det fantes til og med byer hvor teknologien var i høysetet – der fantes bare en sannhet og det var cyborgens.

Ved hjelp av nanoboter eller andre typer hjernekoblinger ville «vanlige» mennesker kunne holde seg oppkoblet mot den felles bevissthet. Det var rett og slett snakk om den største revolusjonen for menneskeheten noen sinne. Jack kjente et lite stikk av et grøss ved tanken, samt også en del stolthet over å ha blitt valgt som den første. Var det dette som var framtiden for menneskeheten, eller var det veien til en ny rase?

Hvorfor de valgte ham var fortsatt en gåte. Han skjønte det ikke, han levde ikke noe spesielt godt liv, egentlig. Riktignok hadde han vært med på mye, vært heldig og gjennom iherdig innsats hatt en relativt strålende og merkverdig karriere. Men på en annen side? Det fantes jo mangfoldige mennesker i verden, hvorfor ham?

Det hadde tikket inn en e-post fra Linda.

Han hadde datet Linda en stund for lenge siden, men hadde sluttet uten å gi henne noen spesiell grunn. Hun hadde vært på flyttefot vekk fra Jack uansett så det hadde ikke vært for komplisert å lure seg unna. Jack hadde syntes Linda var en strålende jente, men han hadde datet henne hemmelig på siden – som elskerinne. Han hadde på mystisk vis rotet seg bort i et heller elendig forhold som hanglet samt hadde flaska vært hans beste venn, kanskje den eneste, på alle måter. Det var sant at han fortsatt likte å ta seg en tår, men den gang hadde det vært omtrent hver dag. Hvordan han hadde overlevd ante han ikke. Menneskekroppen tåler mye mer enn man skulle tro.

Nå hadde hun altså tatt kontakt igjen etter alle disse årene. Hvorfor? Hun var i nærheten og hadde lyst til å møtes. Jack kjente den dårlige samvittigheten presse seg på. Han innbilte seg at han hadde valgt riktig den gangen – riktig fordi ellers ville han høyst antagelig ha såret henne – sannsynligvis ganske dypt – hadde han forlatt henne istedenfor, med det resultat at han hadde såret henne likevel. Livet skulle ikke være enkelt.

Men nå var det vel ikke lenger noe i veien for at han kunne prøve på nytt? Var Linda ute etter en kavaler eller bare ville hun hilse på en gammel venn? Ikke godt å vite. Men han visste godt at han kunne aldri såre henne på denne måten en gang til. Det ville være kroken på døra for alltid. *Ville han klare det?*

*

To timer etter jobb, dagen derpå, satt de begge overfor hverandre på Restaurant De Lievre. Levende lys funklet, flakkende mot ansiktene. De kikket hverandre dypt inn i øynene.

Det er noe med den kontakten to mennesker får når de ser på hverandre med åpne øyne. Uten å lukke igjen – uten å holde igjen sine hemmeligheter. Man synker inn i hverandres sjel. Man deler alle arr og gleder. Man ser tilbake til den evige arven fra de gamle.

Man glemmer rett og slett tid og rom.

En liten tåre unnfanges i Lindas venstre øye. «*Du ser meg.*» nærmest hikster hun. Han trenger ikke svare. Holder hendende hennes hardt. De faller dypere inn i hverandres sjeler.

De pirker litt i maten. Restauranten er en av de bedre, men ingen av dem er særlig sultne på gourmet, de stikker til en pub istedenfor og tar et par øl. Praten går løst om ting og tang. De snakker ikke om kontakten de fikk tidligere, men de vet begge om den uunngåelige veien opp i Jacks seng noe senere.

En gang i tiden hadde Jack besittet visdommen om at det fantes mange typer sex, at det aldri blir skikkelig bra før det er ømhet og kjærlighet til stede. Når hver eneste berøring er magisk og får den andre til å vri seg av velvære. Når man bruker hele natten og dagen bare på å utforske hverandres kropper, utfordre hverandres utholdenhet. La saftene og energiene blande seg i vidunderlig fryd.

Når var det han hadde glemt det? Gradvis over tid, trodde han. Det var rett og slett altfor mye fokus på sex og altfor få som kunne kunsten med å gjøre det til noe mer. Riktignok fantes det en god del som var teknisk gode, men det kreves mer enn teknikk for den ultimate elskoven.

Han hadde allerede opplevd århundres knull så dette ble millenniumsknullet. Han var en privilegert mann.

Jack var eldre nå – han visste å prioritere riktig og sjefen fikk nok en telefon.

- Sjef?
- Ja.
- Jeg trenger fri resten av uka; jeg veit at jeg ikke har noe ferie igjen men …
- … Hva faen?
- Jeg har truffet dama i mitt liv.
- Ahh. Du, bare ta deg noen dager av, du. Så ringer du
  meg når du vet hva som skjer videre. Nyt det.
- Takk skal du ha.

*

Jack og Linda lå i sengen og nøyt hverandre. De stirret på hverandre lekende og snakket om stort og smått. Delte små hemmeligheter. Jack lurte mye på om han skulle fortelle henne om hvorfor han hadde forlatt henne tidligere, men fikk seg ikke til det.

Naturligvis gikk samtalen etter hvert over til James og hans planer med Jack. Linda var overrasket og noe skeptisk.

- Tror du virkelig på ham – på det at hjernen bare er en datamaskin som du kan skanne inn og dublisere? Hva med sjelen din, det åndelige, det som ikke kan måles innenfor det fysiske?
- Hva mener du? At jeg skal tro på eventyr?
- Ikke eventyr, men ganske virkelige ting. Om du aldri så lite tror på det, er det ikke sånn at alt i livet kan måles med apparater. Mennesket kan bare oppfatte et begrenset utvalg av virkeligheten og sånn er det at apparatene vi lager utvider oppfattelsesevnene, men likevel – uansett hvor mye vi utvider, utvinner og forbereder apparatene så er det snevert.
- Som?
- Ta for eksempel noe enkelt som synet. Det vi ser med de blotte øyne er innenfor et ørlite spektrum av lysbølgene. Vi har laget apparaturer som kan måle og registrere et mye større spektrum og gjøre dette om til noe vi kan forstå – men likevel er det naturlig å tro at vi er i stand til å forstå ufattelig lite av hele prosessen. Man kan tenke seg at man prøver å utforske et rom ved å stå låst inne i kottet ved siden av og den eneste åpningen i mellom er et lite hull. Det er fullt mulig å klare og få et noen lunde oversikt over rommet. Men alt som befinner seg i en av dødsonene våre vil vi ikke oppfatte. Siden vi ikke ser det, antar vi at det ikke er noe der, heller.
- Hmm. Jeg visste ikke at du var en slik filosof. Men forstå det da, Linda, at hvis ikke jeg gjør det, kommer noen andre til å gjøre det. Den første kommer til å bli verdenskjent som en pioner innen vitenskapen mot en bedre framtid. Alle vet jo at Lajka var den første hunden i verdensrommet ...
- ... Kom igjen, ikke ta det Lajka-trikset på meg ...
- ... Dessuten er det ikke sikkert at alt ikke er til de grader umålbart som du vil ha det til. Følelser, for eksempel: man har funnet spesielle hjerneceller som man mener å ha bevist er de som genererer følelser. Tenk at en vakker dag vil alle vite hvem jeg er. Eller være koblet sammen i bevisstheten med meg, hvorav du bare ender opp med å være noe lite som del av noe veldig stort.
- Sarkastisk? Jeg oppfattet tidligere at du ikke helt trodde på dette. Vel se det på en annen måte, da. For å skanne hjernen din, en eksakt kopi, så må maskinene på en eller annen måte gjenskape hjernen din digitalt. Det som skiller datamaskinene fra virkeligheten er at eksistensen er analog. Mens det digitale splitter opp enheter i absolutter som et eple og to biler, er den analoge verden full av evigheter. Evigheter mellom hver evighet og absolutt. Det finnes rett og slett ingen absolutter som ikke på sin side har en uendelighet.
- Nå mista jeg deg, kjære. Som sagt, det er en sjanse jeg er nødt til å ta. Et totalt unikt og enestående tilbud.

Deretter elsket de igjen.

Lenge, omstendelig, dypt.

*

Det hadde gått flere dager og Jack hadde glemt å vanne blomstene. Han reagerte momentant, i et rykk, i det han husket det. Hoppet ut av senga og ropte «Blomstene!». Linda skjønte selvfølgelig ingenting og måpte ut i halvmørket som et spørsmålstegn. Det hele så ganske komisk ut.

Jack fikk vannet de fleste blomstene i siste liten. Han kunne føle at blomstene var sinte på ham – skulte ondt mot ham. Hadde han hatt sitt livs beste tid i senga mens han overlot plantevekstene til en skjebne nær døden? Dere må jo ha litt medfølelse, det er tross at kvinnen i mitt liv.

Men blomstene viste verken takknemlighet eller medfølelse. De bare sluket i seg vannet og virket like dvaske. Jack var litt bekymret. Ringte ned til Linda og spurte henne om råd. Litt senere, da Linda kom inn, hadde blomstene så vidt begynt å åpne seg igjen – reise seg og stråle.

Han la merke til det, at verden var bedre når hun var med ham. Det var ikke bare han som strålte, men alt rundt dem. Han smilte inni hele seg. De smilte til hverandre.

De er for slitne til å elske noe mer så de går på fylla istedenfor. Når de ikke har sanser igjen og ikke lenger klarer å følge med på det de selv sier, prøvde de på nytt. De merket lite til at de er såre, men får ikke til så mye, heller.

Vann. Vann. Og noen merkelige lyder ... hyl ... Ikke skumle, men avansert koselige. Han duver opp og ned av vannet. Det er svalt og trygt der. Er han et lite foster eller et voksent menneske? Han kan ikke kjenne formen sin, men flyter ut, oppløser seg og blir som en del av væskene. Vann. Vann.

Tiden hadde passert som om halvt på lån og neste dag måtte Linda forlate ham, men hun lovet å være tilbake neste helg. Jack satt alene og følte seg sjuk og ensom på et utall av måter. Så godt som han har hatt det de siste dager var det bare helt råttent å være ensom tilbake i et liv – sitt liv – som han ikke passet inn i. Han blir desperat og ringer opp James og svarer rungende «JA, JEG VIL!»

Vann. Vann. Veldige duvende lyder trenger gjennom vannet – slår mot ham. Sansene hans utvides – han kan føle hver lille risning i væskene. Til å begynne med kiler det litt, men snart går det over i en deilig, euforisk følelse. Han

116

opplever en perfekt ro. Han virrer rundt sakte mot mer vann. Vann.

*

På onsdag morgen før han har stått opp ringer telefonen. Linda er på linja.

- Hei, gratulerer med dagen!
- Øhh … takk skal du ha.
- Jeg har ikke gitt deg noen gave ennå, men du
  skal få av meg neste gang vi treffes.
- Du Linda, jeg feirer ikke bursdag på tradisjonell måte.
- Hva mener du?
- Istedenfor å ta imot gaver til meg selv, samler jeg inn gaver og
  feirer med å dra på et barnehjem og gi gavene til barna der.
- Det er skikkelig spesielt, men nobelt.
- Problemet er jo bare det at når folk vet at det er gaver til meg vil de gi
  meg mange fine og nye ting, men når de samme menneskene vet at
  det går til veldedighet, da får jeg istedenfor brukte og slitte gaver.
- Ja, det er jo litt rått.
- Men uansett, du kan aldri tenke deg den gleden det er å se
  et foreldreløst, håpløst, forlatt barn lyse opp fordi det unnes
  et liten gave som for eksempel en utslitt bamse er.
- Hmm, jeg skulle ønske jeg kunne være med deg i dag.
- Vel, jeg skal tenke på deg – dagen lang.

De snakket litt løst og fast før de må legge på. Jack hadde et inderlig dypt ønske om å ikke komme for sent på jobben.

*

Fredag, da han kom hjem fra jobben, møtte han fru Petterson utenfor døra. Hun var hengiven takknemlig for at han har tatt var på blomstene hennes. Jack skjulte skyldfølelsen sin over at han ikke følte at han har skjøtet arbeidet særlig godt. Han ba henne inn og spanderte middag til henne.

Fru Petterson ble sjeleglad for det sosiale, hun hadde lange og ofte ensomme dager hjemme og litt mat og prat med Jack var akkurat det hun trengte – hun ble litt lenger enn det hun hadde tenkt.

Et skrik. Et stønn. Bølger mot ham. Han svømmer sakte med vannet. Han er den største blåhvalen som finnes. Han er den største! Han er alene, men han vet, underlig sikkert, at de andre hvalene aldri er langt borte.

Han plasker mot overflaten. Hopper opp og bryter vannskorpen. Spreller fritt

117

i den friske luften. Det er natt og månen skinner mot ham. Skinnet bryter mot dråpene som skvetter rundt ham og han blir ringet inn i en regnbue som han flyr igjennom.

Han dukker nedover mot havbunnen. Han føler seg trukket mot den. Åler seg nedover. En gigantisk undervannsrose åpner seg mot ham. Han kan kommunisere med blomsten via tankene. Det er den samme rosen som han har sett hjemme hos fru Petterson. Den er ikke sint nå, men vennlig. Den sender ham gode tanker. Det er den vakreste rose han noen sinne har beskuet.

Inni den er det to øyne som stirrer på ham. Det er Lindas øyne. De ser dypt inn i hverandre. Når langt inn i sjelene til hverandre. Hjertene deres forenes som om de er ett og han kjenner opphissede dunk. I tankene former det seg tre ord som repeterer seg. Gang på gang. Han vet hva ordene betyr. De er gode, de gjør godt: Jeg elsker deg.

Plutselig blir øynene fylt med angst. Han kjenner det brått inni seg selv. Blir uvel. Det blir med ett mørkt og hårdt rundt ham. Han føler seg brått så ensom. Kanskje han virkelig er den eneste gjenstående hval? Tårer renner ut av øynene hennes og ordene har fått en helt annen betydning, eller kanskje det var dette de betydde hele tiden?: Ikke gjør det!

*

Han våknet urolig og badene i svette. James var i rommet. Hadde det blitt søndag alt? Hvordan kom han seg inn?

James rakk ham en dram med Glenlivet. Jack tok den imot og styrtet den ned.

- Jeg tok med noe skikkelig whisky denne gangen.
- Hmm, du må la meg stå opp først.
- Ja. Det er mer whisky stående i stua. Jeg venter på deg ved sjakkbrettet.

Denne gangen nektet Jack å ha de hvite brikkene. Under spillet gikk diskusjonen livlig. Jack minte så smått at han var noe usikker på om han fortsatt *ville*. Han prøvde å beskytte seg bak argumentasjonen som Linda tidligere hadde prakket på ham uten at James lot seg nevneverdig imponere.

Du kan ikke trekke deg nå. Jeg har allerede sagt fra til de andre. Cluet er det, Jack, at vi er lei av å vente. Prosessen er alt i gang. Jeg regner med at du forstår at jeg ikke tar «nei» som et svar.

Men Jack smilte bare lurt. Flyttet springeren og utbrøt litt overlegent: «sjakk matt».

James var overrasket; han var ikke vant til å tape. De spilte to runder til, men han tapte samtlige ganger. Han irriterte seg og tok på seg hatten for å gå. «Jeg beklager at jeg fikk nerver, selvfølgelig blir jeg med på det», sa Jack. James smilte, «Ser man det, endelig kommer du til fornuft».

De avtalte at de skulle fly inn til laboratoriet allerede neste dag. James tar seg av det formelle for at Jack skal få fri. Jack overbeviste på underlig, stilistisk vis James om å la ham ta med Linda som tilskuer til hele seansen.

«Kid, vi skal lage historie», skålte James og tømmte resten av flaska; han forsvinner like raskt som han kom. Jack ringte Linda og fortalte henne om avgjørelsen og inviterte henne med på begivenheten.

Linda var tverr og avslo tilbudet. Samtalen deres skrumpet seg litt ampert og Jack følte seg både rar og usikker ved avslutningen.

Var han virkelig gammel nok til å prioritere riktig? Skulle Linda få lov til å frarøve ham sitt livs viktigste øyeblikk? Eller tok han feil av øyeblikkene og at det heller var her om dagen da de elsket? Sannheten var at han ikke hadde svaret og det irriterte ham mer enn noen sinne. Ikke engang restene av en åpnet Jim Beam-flaske kunne lindre usikkerheten. Dog fikk den ham til å reise seg opp, heve hånden og rope «Yeah, babe!».

*

Det duvet noe tragisk over det hele.

Kulden snek seg rundt ham og inni ham der han satt inne i et av Europas største forskningssentre. Han var dagens høydepunkt. Han hadde allerede hilst på flere dusin fremmede, høytstående, seriøse, penkledde, intelligente og pinlig høytidelige mennesker som smilte og betraktet ham på samme måte som de hilste på en laboratorierotte. Uvelhet krympet ham – skulle ønske *hun* var her. Men dette er noe han må gjøre, om helt alene. James hadde han ikke sett snurten av siden de entret bygningen. Hva drev han med?

Han fråtset i seg lunsj med tre karer i dress og slips som snakket over ham med et språk han bare oppfattet bruddstykker av. Hvordan hadde det seg at disse menneskene har sin egen særegen lingo? Han fantaserte om at de diskuterte om ham og hvilke metoder som var best å bruke for å få best mulig kopi av hjernen hans – kanskje var det ikke bare en fantasi, men farlig nært sannheten?

På slutten av den vanlige arbeidsdagen dukket James opp fra ingensteds, eller kanskje bare fra en liten dør som Jack ikke hadde lagt merke til? De spaserte sammen til laboratoriet som de skulle bruke – en diger hall. James viste ham utstyret og forklarte møysommelig, omtrent som om han var en idiot, alle detaljene. Hadde de ikke proklamert at ett av kriteriene var intelligens?

Jack ble injisert med nanoboter. Det gikk helt fint – han kjente ingen smerte – lurte nesten på om det hele var oppspinn. Han kunne lene seg tilbake og følge med på grafiske fremstillinger av de dataene nanobotene hadde samlet opp. Det begynte så smått å danne seg en projeksjon av en hjerne – hans egen hjerne.

Senere måtte hodet hans inn i skanneren. Dette var nok en smertefri prosess, men denne gangen ble han plaget noe av en summende, irriterende ulyd.

Det hele var over i løpet av en og en halv time. Arbeidsdagen var over og det var kun ham og James tilbake i rommet.

- Nå er det bare å vente en halvtime til dataene er ferdig behandlet
   og kan vi boote opp din nye hjerne. Er du ikke spent?
- Hvis dette er stort hvorfor er det ingen andre her lenger?
- Hmm, Jack, du må skjønne at selv om dette er en verdensbegivenhet
   venter vi med at testen er suksessfull før vi går offentlig. Da vil vi
   «simulere» prosessen på nytt som om det er *den* første gangen det skjer.
- Din jævel, du har lurt meg; du sa jo at alt er helt safe.
- Det er det også.
- Men …
- Ahh, ta det med ro, Jack. Det er bare et politisk aspekt
   som gjør at vi venter med offentliggjørelsen.
- Politikk?
- Jepp. Det er ikke min bane, heller, men min sjef igjen er en stor politiker.
   Slår om med seg med fraser som «dette må vi være veldig forsiktig med
   å si» og sånn. Bånn kjedelig, men det er av den grunn han er sjef.
- Skal vi spille et parti sjakk mens vi venter?
- Jeg tror vi står av fra det.
- Kom igjen da, bare en siste gang, så kan vi avgjøre
   en gang for alle hvem av oss som er best.

*

I sin konfliktfylte hjerne hadde hun til slutt skiftet mening og hadde i hui og hast ordnet seg en reise. Hun ønsket jo å tilbringe tiden med Jack, ja, ikke bare dagen i dag, men resten av sitt liv. Det var allerede sent på dagen, men heldigvis stod hun fortsatt på besøkslisten; det var ikke vanskelig å komme seg inn. De hadde til og med vært så elskverdige (på grunn av en sikkerhetsglipp) å gi henne ueskortert tilgang til enkelte områder.

Vakten hadde også vært såpass hjelpsom at hun fikk et lite kart på størrelse med et bankkort. Han hadde tegnet inn ruten hun måtte gå med en knall blå kulepenn som lakk litt for mye blekk.

Hun vimset seg av gårde i tråd med kartet. Hun var overrasket over at hun ikke møtte noen mennesker på veien. Var det sånn at verden stoppet opp etter kontortid? Også under et stort eksperiment? Var det noe galt? Kom hun for sent? Dette var spørsmål som for igjennom henne sammen med et digert knippe av andre bekymringer. Står det bra til med Jack?

Ved enden av en pil på kartet var det en gigantisk dobbelt-dør. Innenfor en stor hall med masse rare instrumenter og roboter, men ingen mennesker. Hun var forvirret? Hadde hun virkelig kommet for sent?

Hun satte seg ned og prøvde å få overblikk over hallen. Det vare en merkelig summende lyd som tiltrakk hennes oppmerksomhet. Hun fikk øye på et digert monstrum av en maskin. Ut av den ble det prosjektert et hologram av en menneskehjerne. Summingen fortsatte og var heller irriterende. Hjernen ble dekket over og hologrammet ble til et helt menneske. Det var Jack!

Hun var forbløffet, forskrekket, samtlige molekyler i kroppen hennes skrek at dette er feil og hun samlet seg med ett til å forstå hva summingen betydde.

- Du må snakke saktere.

Summingen ble med ett litt mer klarere.

- Litt saktere enn det også.
- Linda … Linda … Linda …
- Ja, jeg er her.
- Å, Linda, det er mye smerte her. Det gjør så vondt. Det er mørkt og
  ensomt her. Det er som om det er frysninger i hele meg. Hver eneste
  celle i meg er full av smerte; jeg skjønner ikke hva som skjer.
- Jack, du er ikke Jack lenger – du er kopien av deg selv.
- Kopi? Er jeg ikke meg?
- Nei, du er en simulering av Jacks hjerne. Du er resultatet av skanningen.
- Er du sikker på dette? Jeg føler meg jo som meg.
- Men du har det kaldt og mørkt? Som du aldri har hatt det før?
- Ja, det er riktig, det er noe galt, lissom – så mye smerte …
- Det er fordi du ikke er deg, men en simulert kopi av Jack.
- Hmm … det er mange tanker som farer igjennom meg –
  fort … og å snakke med deg går så uendelig sakte.
- Det er fordi datamaskinen som simulerer deg er kapabel
  til å gjøre instruksjoner, oppgaver og utregninger

mye raskere enn en menneskelig hjerne.
- Men, Linda, du kom likevel. Du kom. Det gjør meg glad. Hold
  rundt meg sånn at jeg ikke trenger å føle meg alene lenger.
- Dessverre, er du ikke av kjøtt og blod så jeg kan ikke holde rundt deg.
- Jeg elsker deg, Linda. Det er noe jeg ikke har turt å
  fortelle deg før fordi jeg har dårlig samvittighet.

Linda trakk litt på smilebåndet. Hun skulle bli fortalt om Jacks dårlige
samvittighet fra en datasimulering. Livet var jaggu underlig til tider.

- Ja?
- Den gangen vi møttes sluttet jeg å ta opp
  kontakten fordi jeg ikke ville såre deg.
- Ikke såre meg? Vi hadde det jo bra sammen.
- Ja, nettopp det. Men jeg var sammen med en annen på den tiden.
  Jeg hadde ikke fortalt deg det. Det var ikke noe bra forhold,
  men jeg var ikke mann nok til å gjøre det slutt, heller.
- Fy faen, du er en jævel.

Linda reagerte momentant og slo til hologrammet uten særlig virkning, uten at
det hindret henne i å fortsette å dynke knyttnevene sine inn i Jacks kopi.

- Jeg beklager. Etterpå møtte jeg deg og vi hadde det fint. Men
  jeg visste at du ikke ville like det om du kjente til sannheten
  så jeg bare holdt kjeft og avsluttet kontakten.
- Din jævel!
- Men nå vet jeg at du er den jeg elsker og jeg vil aldri miste deg.
- Faen ta deg.
- Jeg forteller sannheten, Linda. Jeg beklager at den er ille, men jeg tror det
  er viktigere at du kjenner sannheten enn at vi baserer livene våre på løgn.
  Det er innmari kaldt her og jeg vil bare dele livet mitt med deg – for alltid.

Linda begynner å grine ...

- Hva gjør vi nå?
- Jeg bare vet at jeg ikke ønsker noen, noen gang til å
  oppleve den type smerte som jeg opplever nå.
- Da må du ofre deg?
- Hva?
- Du må ødelegge ditt eget program, din egen simulering. Kan du kjenne
  rundt deg om du kan nå datamaskinen som eksekverer koden din på
  noen måte? Hvis du kan korruptere simuleringen såpass at den blir
  regnet som et total fiasko, slipper andre å gå igjennom det samme.
- Inntil de har laget utbedringer og fortsetter på nytt.

- Du kan aldri klare å stoppe utviklingen, men du kan utsette den
  litt, og hvis du har riktig flaks, kan det hende de gjør såpass
  forbedringer at det ikke blir så smertefullt neste gang.
- Men jeg vil ikke dø.
- Du er allerede død. Du er bare et stykke programvare, skjønner du det?
Hmmm. Ok, Linda … Men lov meg å ta vare på meg; jeg mener Jack.
- Jeg lover.
- Hadet, Linda. Jeg elsker deg.

I mens mennesket og hologrammet fletter fingrer som knuger besynderlig om hverandre i et *eviglangt* minutt, fader hologrammet ut og omformes til tilsynelatende tilfeldige streker og prikker som flimrer i rommet – en underlig, svart tomhet.

Linda reiser seg opp og går.

«Det er viktigere med din beste venn, enn med sannheten.»

Han ligger på madrassen sin og tenker tilbake på sitt liv. Han hadde vokst opp i en alternativ familie, veldig alternativ, hans barndom lignet på ingen måte vanlige menneskers oppvekst. Men det var ikke før etter han nådde tjueårene, at han mistet all tro på det hele. Det hadde plutselig stått klart for ham hva ordet kvakksalver betydde, og livet hans var fylt til randen av dem.

Det hadde kostet ham dyrt – blant annet hans beste venn.

Men han gjorde fullt opprør, brøt med familien og begynte et liv helt på andre siden, i det trygge, der intet var ekte før han beskuet det selv med egne, digre, mysende øyne. Han begynte å jobbe innen finans, innen en verden med flyt av gigantiske pengesummer. En kald verden, men en verden han klarte å relatere seg til. Han gjorde god karriere og pengene fløt over som overfylte basseng. Livet var usannsynlig godt.

Helt til han gikk på trynet igjen. Og nå satt han altså her, ikledd en mørk frakk, med hetta tredd over hodet og leste underlige bøker – bøker som brakte ham tilbake til sin barndom. Kanskje var de ikke alle kvakksalvere, likevel? Det fantes sannhet der også? Hjernen hans jobbet på spreng for å sile igjennom minner.

Han besluttet at han ikke bare ville lese, men skrive noe selv også – dele noe som kulminerte hans kjennskap til begge verdener, med en liten dusj av det som han hadde lært her i ingenmannsland.

Etter ti dager med slit hadde han nedtegnet følgende på papir, under sin egen tvilende gest:

«Verdier (penger)

Definisjonen på hva penger er har endret seg mange ganger, men den har aldri endret seg mer enn den gjør i disse dager. Tradisjonelt vet jo de fleste at penger er et system for å representere verdier på en enklere måte, sånn at man kan utføre handel uten å måtte bytte fire griser mot en sekk havregryn og en kurv tomater. Senere har man jo fått den noe merkelige perversiteten at penger er målt i verdi mot låste gull-lager verden over.

Altså tar vi et dødt metall og gir den verdier på vegne av tomater og havregryn, låser det ned i hvelv og så overfører vi verdien til papirlapper og metallmynter og senere siffer i et nettverk av datamaskiner. Vi har blitt til de grader indoktrinert i dette system at mange av oss tror det er en helt grei og naturlig ting. For ikke å glemme at gull har mange fine egenskaper som det aldri kan bli gjort nytte av om det ligger innelåst i mørket et sted. Hvor vakkert er noe som skinner for seg selv og ingen er til stede?

Senere, dog, har man produsert papirpenger «uten» styring, eller kanskje altfor mye styring? Et virvar av regler og prosedyrer, sånn at du må besitte årelang indoktrinering for å forstå hvor galt det egentlig er. Etter hvert produseres penger i form av numre i en datamaskin basert på kredittverdighet og troverdighet, som i tur kan lånes bort og skape mer penger og kredittverdighet. Sånn at penger til slutt bare er en lang rekke kreditter som til syvende og sist eies av noen få(?) i hele verden. Selv de fleste land eier ikke seg selv lenger. Hvem eier landene?

Uansett hva penger er, er det viktig å vite at penger er et verktøy. Akkurat som med andre verktøy, skal du velge hva du skal bruke det til. For mange er penger noe som holder deg fast – et maktmiddel som gjør deg avhengig av en konstant inntjening av en viss sum penger. I fattige land finnes det mennesker som er gjeldsslaver hele sitt liv for så lite som 50 kroner eller mindre. Men i rike land er det også mange som blir til pengeslaver, om enn på en noe annen måte.

Bruk det til noe godt – som et redskap til å lage, skape og gjøre gode ting. Et redskap til å styre ditt liv; istedenfor å si «jeg må vente til jeg har penger» eller «jeg skulle ønske jeg hadde penger» skal du bare gå ut og gjøre det!

For dem som har penger. Det er ingen synd i å ha penger, eller være velholdt. Det er heller sånn at da-har du et meget fint verktøy som jeg håper du vet hvordan du skal bruke.

En annen ting som man en gang er nødt til å læres opp i, er å ikke gi pengene for mye verdi. Lær deg å raffinere dine egne verdier til hva som egentlig er godt for deg og dine. Verktøy kan ikke være en verdi – bare produkter kan være verdier. I så måte er det bare havresekken, tomatene og grisene som er verdier, men det finnes også ikke fysiske produkter som vi alle trenger, disse er også verdier.»

Han la fra seg pennen og boka han skriblet i, og tok seg en pause.

Pytt 641

I never thought you would tell me to leave you alone.
I never thought our days would ever be gone.
I never saw you enter that door.
I never thought you to be gone.

'Cause the day I meet you I knew it would be us.
We would share our hearts and live like one.

We are bound together carrying white wings.

I never thought you would tell me to leave you alone.
I never thought our days would ever be gone.
I never saw you enter that door.
I never thought you to be gone.

'Cause the day I meet you I knew it would be us.
We would share our hearts and live like one.

Give your hearts – stand together.
Give your hearts – stand together.

The wind blows across the oak tree.
And the flowers in the garden.

I never saw you enter that door.

(And came back home.)

«Det kan hende du har rett.»

Roen og stillheten som befant seg mellom dem, hadde blitt til rutine. Dagene fløy forbi og de respekterte hverandres komfortsoner, og på den måten tolererte de hverandre uten at det ble noen videre krangling. Men som alle kan forstå, kan ingen tilgjort fred vare.

Stillheten og roen som hadde vart mange dager, så lenge han nå kunne huske uten å konsentrere seg, ble brutt underlig brått. Så overraskende at han skvatt til. Kunne han forresten huske hva som skjedde i går? Det var ikke lett. Dagene hadde en tendens til å flyte over i hverandre. Hver dag var det forskjellige gjøremål fra morgen til kveld. Ikke et rolig øyeblikk – aldri noen pust i bakken før kvelden slo rot. Kveldene hadde de tilbrakt sammen rundt bordet med et spennende måltid basert på en blanding av bær, frukter, grønnsaker og utsøkte urter.

En gang hadde de også hatt fisk. En merkverdig herre av en fisk han ikke kunne navnet på, men som tonet seg i ganen hans med en enorm smak og aroma. Det var som den levde livet videre gjennom smak og dufter som festet seg i nesen hans og frydet både ham og henne.

Han så på henne. Var ikke helt sikker på om han hørte ord eller om det skjedde i hans egen fantasi. Faktisk hadde skillet mellom realitet og fantasi smalnet i den tiden han hadde vært her. Realiteten duvet seg inn i drømmene og fantasien. Til å begynne med hadde han kjempet imot, men allerede etter kort tid, hadde betydningen av at virkeligheten ikke hadde klare grenser falt under smerteterskelen.

Han hadde begynt å nyte livet istedenfor.

«Det kan hende du har rett», gjentok hun.

«Med hva da?»

«Med at det kanskje ikke har noe for seg med denne alkymien; for å være ærlig med meg selv og deg kan det hende du har rett. At jeg bare bruker det som unnskyldning for å rømme fra det liv jeg en gang levde uten å ta oppgjør med det.»

«Det har tatt deg lang tid, og krevd en skikkelig innsats fra deg å opptre så ydmyk; hva har fått deg til å endre mening?»

«Du, du tar meg på kornet der jeg selv ikke tør. Antagelig har det en mening at du kom hit likevel.»

«Jeg har nå egentlig mest lett etter min egen mening. Eller for å si det mer sant, jeg er gammel nok til at jeg leter etter ro, fred, befrielse fra meningen.»

«Akkurat som jeg gjorde.»

«Men du er fortsatt en ung kvinne, du har mye liv igjen i deg – mer enn du tror.»

Hun ser på ham med selvmotsigende øyne.

«Det sier du bare for å være hyggelig; det liv jeg levde før jeg kom hit var ikke noe hyggelig liv; jeg levde altfor mye, altfor fort, og altfor mye negativt. Jeg fikk ro her og har holdt meg til denne ensomme tilværelsen sammen med naturen helt til du kom hit.»

«Ja, og dyktig er du; jeg tror jeg har lært mer av deg om naturens fantastiske mangfold enn jeg noen gang trodde var mulig.»

«Det er ikke jeg som er læreren», sier hun, «Det er naturen selv som viser vei. Når du lærer, betyr det at dere kommuniserer.»

«Fin tanke.»

«Men du?»

«Ja?»

«Jeg beklager at jeg var tverr tidligere. Jeg var nervøs for at du ville ødelegge den idyll som jeg hadde funnet her. Nå vet jeg at så ikke er tilfelle. Jeg koser meg faktisk i ditt selskap. Du gir meg håp om at hver dag kan bli til noe bedre enn den allerede er.»

«Takk.». Han mente det han sa. Han var takknemlig. Nå slapp han å alltid være nervøs for hennes vrede. Nå kunne han endelig finne det han lette etter. Han visste ennå ikke hva det var, men han kunne føle det – innen rekkevidde, et sted i den uendelige usynligheten som omgav dem.

Den natten begynte hun å fortelle.

Pytt 186

Steiner

«Jeg tror han er helt toskete blitt.»

Han stod og kastet steiner ut i vannet. Det var runde, flate steiner som han kastet på en spesiell måte – fiskesprett het det. Han prøvde å se hvor mange ganger han kunne få steinen til å sprette på vannoverflaten. Rekorden var seks ganger, det var tvilsomt om han kom til å klare noe mer enn det, eller jo, han skulle klare det.

Da han hadde vært liten, hadde han vært faren og morens stolthet. De fikk liksom gjort riktig alt det de gjorde feil med sin førstefødte. De var stolte over den lille krabaten som kravlet rundt og var helt frisk. Som smilte, lo og som det ikke var mye galt med.

Kanskje var de gammeldagse i tankemåten, kanskje var det bare helt vanlige menneskelige følelser. Den eldre følte, som så ofte skjer, misunnelse og likte ikke at han ikke lenger var den eneste – at han ikke lenger fikk all oppmerksomheten. På en annen side var det nok også en lettelse for ham, siden han alltid hadde hatt en nagende følelse av at han ikke var god nok. Han som bare var god og snill og ville kose hele tiden. Etter hvert hadde han lært seg å holde seg unna – holde seg i skyggen – der hvor mange rare tanker fikk lov til å slå rot.

Foreldrene hadde mange planer for den yngre. De kunne ikke få seg til å stoppe med å skape et gedigent luftslott av storslåtte drømmer. Allerede da han var to år, var han såpass dyktig at han oppførte seg nærmest som en fireåring. Selv om han var liten i størrelse, var han like moden som sin bror.

Det var nesten som et under. Det fortsatte i samme duren og da han var fem år, var han allerede sin bror overlegen både i hodet og fysisk. Når de lekesloss, var det den eldre som kom løpene hjem til mor for å få trøst. Trøsten fantes bare en tredjedel av gangene; resten av tiden møtte han en kald, hard skulder som sakte vokste inn i ham.

Det var sensommers det året at det skjedde. Den yngre – den lovende – den foretrukne – hadde en ulykke. Det var irriterende at han, som hadde alt for seg, som var så dyktig og gledet sine foreldre så meget, at det var han som skulle være der akkurat den dagen, akkurat på det øyeblikket og falle ned ei steinrøys. Etter det, ble han aldri den samme lenger.

Han fikk en permanent skade i hode og ble helt rar.

Den eldre var jo bare en normal gutt hvorav hans eneste skavank var at han ikke kunne se skikkelig på det høyre øyet.

Moren gråt og gråt. Faren framgikk som sterk, men virkeligheten var at han ble introvert og gråt litt i skjul – gjerne bak husveggen – i mørket, der onde tanker rår – når ingen kunne se ham. Det var den klamme følelsen av ulykke som hadde rammet dem.

Den yngre gikk ikke over i lediggang, men startet med en gang en fulltidsbedrift med fantestreker og faenskap. Nå vil det ikke være mulig å gjengi alle hans bragder, for de var mange og evige som førte til at han entret de beryktede ensommes samhold.

Han kastet epler på bilruter, stjal nøkler og gjorde hærverk. Han lette frenetisk etter fuglereder for å sanke eggene som han senere kastet på gamle damer. Hvis eggene var klekket ut, tok han de små ungene og kastet mot skarpe steiner.

På grunn av alt det underfundige han fant på, hang det alltid en liten hærskare av nysgjerrige unger rundt ham. Samtidig som de var fascinert av ham, var de også redde, fordi han brukte like gjerne dem som leker; for eksempel likte han og tvinge av dem klærne og henge dem opp i flaggstenger.

En, to, tre, fire, fem, seks ... Han telte sprettene manisk uten særlig hell. På denne måten klarte han å holde tankene unna – om bare på en halv armlengdes avstand. Så truene var de at han turte ikke å stoppe. En, to, tre, fire, fem, seks ...

Den eldre klarte seg rimelig bra igjennom livet, tross skavanken.

Han flyttet langt vekk og la fra seg minnene og skammen fra sin barndom. Det forsvant og eksisterte ikke lenger i hans nye virkelighet.

Han fikk trumfet igjennom en rimelig bra utdanning og ble forlovet med en pike som het Jannicke, som forgudet ham – ja, kanskje noen ganger litt for mye.

De satt hjemme, foran fjernsynsapparatet, og glodde på en eller annen såpe da moren hans ringte.

- Han er borte.
- Hva, hvem da?
- Kalle, vel.
- Hva mener du med borte? Han pleier da å finne på sine
fantestreker, men han kommer da alltid tilbake.
- Han har ikke kommet hjem på en uke; det er
første gangen han har gjorte noe sånt.

Per kjente seg litt nummen inni seg; en sånn gammel mann som fortsatt drev på som en unge, bodde fortsatt hos foreldrene og drev på akkurat samme måte som da han var liten. Kanskje dette var et godt tegn? At han endelig hadde modnet nok til å komme seg videre?

- Det kan jo hende han bare har funnet noe annet å drive
med – kanskje til og med noe annet enn ugagn?
- Per, da, kan du ikke være så snill å sjekke om du kan finne ham?
- Har du ringt politiet?
- Ja, men de sier at de ikke har ressurser til å lete etter ham.
- Ha ha, de er vel bare glad for at han ikke driver med sine vanlige eskapader.
- Nå er du uforskammet; vil du lete etter ham eller ikke?
- Jada, mamma, jeg skal ut å sjekke.

Jannicke syntes det hele var spennende, men Per sa som sant var, at dette var en sak mellom brødre og at han måtte å reise alene. Hun var vanskelig å overbevise, men etter at Per fortalte henne historien om hvordan Kalle hadde stengt inne to jenter i et skur og ikke latt dem komme ut før de hadde hatt pikesex med hverandre – Kalle stod naken utenfor og lekte med utstyret sitt – lot hun det være. Seksualforbrytere kunne hun ikke fordra.

Per visste hvor han skulle lete først. Han styrte inn bilen mot hytta på fjellet. Der hadde Kalle ofte dratt når han trengte fred fra alt maset i bygda. Han kunne ofte finne på å vandre rundt i fjellheimen i dagevis alene. Moren syntes alltid å glemme at han kunne finne på å være ukevis borte om gangen og trodde alltid at det var første gangen.

Per hadde prøvd å få dette inn i hodet hennes gang på gang, men akkurat som da han var liten, brydde moren seg ikke om hva han sa.

Han var ikke ved hytta, men han kunne se tegn etter ham og visste med ett at han ikke var langt unna. Han hadde mest lyst til å snu og reise hjem siden han hadde bekreftet sin mistanke. Et snev av dårlig samvittighet fikk ham til å legge ut til fots mot fjelltoppen.

Det var allerede i ferd med å mørkne og månen tittet forrædersk ned på ham. Etter en halvtime med vandring skimtet han konturen av en skikkelse. Han løp bortover og så sin yngre bror sitte på huk med en rifle og sikte på noen prikker langt der borte.

- Kalle!

Det rykket i Kalle som en rask yo-yo og et digert brak ljomet rundt dem: «JAMBOONG!» Etterpå ble det underlig stille. Kalle snudde seg mot sin bror og stirret.

- Faen, Per, du må ikke skremme meg sånn; jeg hadde den på kornet.
- Mor er bekymra over hvor du er.
- Driter vel i a; kom hit så skal jeg gi deg juling.
- Ikke faen, det har jeg fått nok av fra din side.

Kalle lader om rifla og sikter på Per. Per gir seg og kommer nærme nok til at Kalle får tak og gir ham to harde knyttneveslag i mageregionen. Deretter går de nedover til hytta igjen.

Kalle tvinger sin bror til å bli der hos ham og drikke hjemmebrent resten av natta. Det er dømt til å gå galt – brygget er i ferd med å gjøre sitt. De raver rundt i hytta og finner på merkelige streker og fanteri sammen.

De snakker sammen om hvor mye de hater hverandre.

Hvor mye de hater foreldrene sine.

Kalle sier at han skal voldta Jannicke. Det er ikke en trussel, men et faktum.

Alt svart.

Han våkner opp uklar og sliten. Han bruker et halvminutt for å forstå hvor han er. Han kommer seg opp, kjenner at det fortsatt er for mye alkohol i blodet. Hva gjorde de i går? Hva snakket de om? Hva skjedde til slutt? Han husker ikke.

Han spaserer inn til kjøkkenet for å finne seg noe å drikke. Først enser han det ikke, men plutselig går det opp for ham at noe ikke er som det skal. Han snur hodet sitt rundt og ser broren henge livløs i et rep.

Han føler ingenting – verken glede eller sorg – bare en svart tomhet som er i ferd med å lukke seg og forsvinne. Nå er det endelig over.

Han har stått der i flere timer. Han har kommet til en eksepsjonell måte å kaste på som gir opp til sju sprett. Han er i ferd med å gå helt tom for flate steiner. Han finner en diger stein og kaster den i vannet med et digert plask før han går tilbake til bilen og kjører hjem.

«Hvis du hadde sjansen til å gjøre om igjen ditt liv, med all den

viten du har i dag, hva ville du gjort?»

«Det var et halvt år før jeg fylte 20; jeg bare drømte meg bort – bort fra dette stedet. Faren min hadde jobbet der et år lenger enn jeg hadde levd. Min mor kjente jeg ikke og det som min far hadde fortalt meg var ubestridt løgn, men jeg hadde ingen andre rundt meg som kunne eller ville fortelle meg hva som egentlig hadde skjedd.

Du kan tenkte deg scener der jeg hadde stått som tidlig tenåring og skreket til min far og bedt ham fortelle sannheten, bare for å bli servert mer løgn.

Hvorfor er det sånn at foreldre har en dårlig innebygd sans til å beskytte sine barn fra den sannhet de søker?

Fra hele kloden surret mennesker seg inn til postkontoret hver eneste dag. De stimet og summet som en flokk humler. Alle kjøper de samme kjedelige suvenirene og sender de samme platte postkortene hjem til sin kjente og kjære. Turisme kalles det, det som øyeblikkelig drar enhver fornuft ut av mennesker og som omformer dem til intetanende forbrukere som synes at overprisede, dølle gjenstander plutselig er selve meningen med ferien og med livet.

Det hendte ofte i mine yngre levedager at jeg lekte ved Colosseum. Min far hadde kjedelige bekjente i nærheten – jeg tror faktisk han kun hadde kjedelige bekjente – det er det som skjer når man besitter for mye rikdom – som førte til at jeg måtte få tiden til å passere på egenhånd. Som du kanskje aner, var det i begynnelsen en pine uten like. Timevis å vente uten noen ting å finne på. Jeg hatet det.

143

Har du sett Colosseum? Det er et latterlig sted: lite, kummerlig, forfallent og med masse slitsomme turister – akkurat som på postkontoret.

Men under denne dårlige unnskyldningen av en severdighet finnes det katakomber – ganger som snor seg under hele byen. Vanlige mennesker får ikke lov til å ferdes der, men jeg fant min vei og begynte å utforske.

Det var ikke uten angst at jeg utforsket disse mørke gangene. Det hjelper lite med lys siden den virkelige faren ligger i det at det er en av verdens vanskeligste labyrinter. Det finnes mennesker som er autoriserte til å ferdes der nede, men selv de kjenner gjerne bare til 10–12 prosent av hele det kronglete nettet av uhumske korridorer.

Jeg oppdaget fort at jeg hadde et medfødt talent til stedsangivelse så jeg gikk meg aldri bort. Jeg tegnet kartene i hodet mitt og de er like klare for meg den dag i dag, som den gang. Jeg skal tørre å påstå at det nok ikke finnes noen som har bedre oversikt over katakombene enn meg; trist kanskje å tenke på siden jeg aldri kommer å reise tilbake dit. Visste du at tradisjonell viten tilsier at det kun er menn som har evnen til skikkelig å oppfatte tid og rom?

Uansett, jeg ønsket meg vekk. Vekk fra alt. Livet til nå hadde vært en overbeskyttet tilværelse som hadde ført til at jeg deler av oppveksten hadde søkt meg inn i en mørk tilværelse av selvutslettelse.

Hvis jeg hadde fortalt deg sannheten om alt som jeg var vitne til i Vatikanstaten i mine første leveår, ville du ikke trodd meg.»

Hun leter etter anerkjennelse fra ham. Han nikker uten et ord; som for å si at han tror henne uansett hva hun sier. Det irriterer henne litt; hun hadde forventet mer motstand; ikke bare forventet, men *ønsket* motstand. Menn som legger seg langflate har hun hatt nok av.

«Jeg hadde nettopp fått meg lappen og det hadde endelig overbevist far om at jeg var gammel nok til å reise rundt alene i selve byen, Roma. Det var ikke uten glede at jeg kjørte timevis rundt om i Romas mas og tjas. Tutet like ujevnt som italienerne – kanskje litt mer. Selv om jeg var oppvokst der, var jeg alltid en utenforstående, jeg ante aldri hva som var den riktige mengden tuting.

Det var som om selve livet var i ferd med å starte; jeg hadde blitt forært et hjelpemiddel som skulle ta meg langt, langt vekk herifra.

Ivano hadde flyttet inn i Vatikanet tre måneder tidligere. Han var ikke som andre menn jeg hadde møtt; han var annerledes. Det var ikke bare det at han ikke var langveis fra og på samme alder som meg. Men han var snill – rett igjennom snill og naiv. Det hadde vært nytt og spennende for meg og jeg kunne ikke i motstått å ha en affære med ham.

Det kunne jo ikke vare; en mann som er så snill, er mer som enn kompis og kan aldri tilfredsstille en dame som er ute etter eventyr. Ei jente som meg. Han hadde ingen sjanse fra begynnelsen. Men jeg likte ham som søppelbøtte for mine bekymringer og jeg beholdt ham som venn.

Han stilte alltid opp for meg. Men da han forstod at jeg skulle gjøre alvor av snakket mitt om å forlate Vatikanet, erigerte han seg opp i ekstatisk irritasjon, kom med en lang tale om at jeg var for liten, at jeg ikke hadde anelse om hva som ventet meg der ute.

Han skjønte rett og slett ikke hva en pike som meg trengte og at jeg var drittlei denna plassen.

Det var en tett, klam og het luft som omkranset byen og den ble ikke bedre av all trafikken. Bilen jeg hadde til rådighet, var ikke noe spesielt lekkert syn, men du, den fikk meg ut av Vatikanstaten, ut av Roma og nordover – vekk fra alt.

Det humpet og gikk sakte, men jeg durte oppover ut på A1 som er full av felter og rett fram nesten hele veien. Kanskje ikke akkurat toppen av underholding, men jeg åpnet alle vinduene og lot vinden rufse godt i håret mitt mens jeg skrek ut et gledeshyl.

Jeg var fri. Endelig …»

«… Hva slags undervisning hadde du der – skole altså?»

Hun ble overrasket over avbruddet. Hun var i ferd med å komme til den delen av historien som hun gledet seg mest til. Utbrytelsen, friheten, veien mot noe nytt – bare ved tanken på det kunne hun kjenne en underlig kiling i mellomgulvet som spredde seg opp til brystene og ut til armene.

Der ble hun stoppet av denne veldige mannen; skjønte han ikke at hun ikke brydde seg om utdannelsen? Hun ville bare fortelle om reisen – føle reisen i seg, formidle friheten til ham, få ham til å forstå.

«Det er nok mange mennesker som vokser opp og fort glemmer kunnskapen om hvilken forbannet institusjon skolen egentlig er; de messer om utdanning og mer utdanning. Om timeløse dager, dagløse uker, ukeløse år i et nådeløst regime der konkurranse, hat, mobbing og udugelighet er dine nærmeste bekjente. Hver eneste av disse dagene er en endeløs pine blandet av angst og ønsket om å slippe fri fra det hele.

Derav tvinger disse barnene minnene bort og faller inn i en rutine av 8–16 og så snart den er over, kaster de seg over et liv uten frihet, men med så mye arbeid at de kan fortsette å glemme og siden tvinge sine egne avkom til å gjennomgå det samme – til det beste for alle.

Jeg var «heldig» og fikk gå på en internasjonal skole; derav ble jeg kjent med små barn fra mange nasjoner. Jeg skal si deg at jeg har ikke sett meg tilbake en eneste dag siden jeg forlot skolen den siste dagen. Konkurranse og mobbing hadde så godt som ikke eksistert – jeg skjønner faktisk ikke problemet.

Der var jeg. På vei ut i det store ukjente. Hele dagen var som et adrenalinrush som aldri ga seg. Jeg parkerte den lille, gule kjerra ved Parma – byen som er kjent for mange mest på grunn av sine slafsete, nydelige skinker. Jeg var yr i hele kroppen og måtte ut og sjekke livet.

På hovedplassen var det støy og ståk – ikke for ulikt hjemme, men samtidig friskt og lekende. Jeg hadde aldri hatt noe særlig hang eller tilgang til alkohol, men det var i ferd med å endre seg. Jeg fikk lesket ganen med en deilig, italiensk rødvin og kunne simpelthen ikke få nok.

Et team av tre gutter fra Tsjetsjenia sjekket meg opp. Jeg lot dem spandere på meg hele kvelden. De tok meg med på nattklubb, heftig dansing til pulserende rytmer og de tok meg med hjem til hotellet.

Alle tre på en gang.

Det var nytt. Vi ble i Parma hele uka: drakk, pulte og danset uten stopp. Endelig kunne jeg føle meg levende. Den syvende dagen følte jeg meg råtten i hele meg. Ble slått av en vegg av angst som jeg ikke visste hvor oppstod fra. Guttene var borte – det samme var alle pengene mine. Jeg var fortapt.

De hadde pult meg, lurt meg, forrådt meg og forlatt meg.

Jeg hadde et bittert ønske om ikke å måtte ta bilen og kjøre hjem igjen; hvis jeg var heldig ville jeg kanskje ha nok bensin til å komme meg halvveis til Rom og så kunne jeg be pappa om å hente meg?

Av alle ting i verden kom jeg ikke til å gjøre det. Jeg fikk heller ty til den enkle løsningen. En telefon til Ivano – trygle ham om å skaffe meg noen penger. Lettlurt som han var, gikk det ikke lenge før ferden min kunne fortsette videre mot nord.

Jeg ville opp til Alpene. Kjenne fjelluften rive og ruske i meg.

For første gang i mitt liv kjente jeg at jeg ble overveldet. Hvis du aldri har vært der, kan du aldri forså den majestetiske naturen som bare slår mot deg og du vet at det ikke finnes noe menneskeskapt eller noe menneske som noen gang kan måle seg – noensinne.

Det sixstinske kapell er kanskje et av verdens underverk. Men det største av alt er den storslagne naturen. Jeg måtte stoppe bilen flere ganger og bare løpe rundt og nyte. Nyte som en sulten ulv – en utsultet gribb som aldri hadde spist hele sitt liv.

Jeg endte opp i en liten landsby over tre flasker cider og fire kåte lokalkjendiser. Jeg ville ha dem alle – jeg fikk dem alle, men denne gangen var det de som ikke passet på kronasjen. Jeg hadde ikke tid til å bli, men satte i gang et løp fra by til landsby til by igjen – rundt omkring. På jakt etter ciderflasker og menn som den forbruksvare de er.

Det var en fin tid med mye moro og lek, men av og til kom mørket – angsten som fylte meg og dro meg videre – på rømmen – vekk fra noe – istedenfor mot noe.

Jeg forstod det ikke, men jeg gled sakte inn i en tilværelse der jakten på noe godt i livet – på noe spennende og fint – ble byttet ut med en evig bedøvelse og flukt fra alt som hadde med følelser eller godt å gjøre.

Jeg var i ferd med å kjøre meg ned i et svart, mørkt hull.

Det var bare begynnelsen.»

Hun tok en pause. Håpet at han skulle bryte inn med noe nå. Forståelse? Eller forargelse; bare noe sånn at hun kunne slippe å fortsette; hun ønsket ikke å fortelle mer. Det prikket vondt i brystet hennes – nærmest som om noen vred en kniv rundt der inne. Hun nærmet seg den biten av historien hun helst glemte. Hun kjente tårer bak øynene, men holdt dem tilbake.

Til hennes totale skuffelse sa han ingenting. Bare ventet på at hun skulle fortsette. Hun hadde ikke noe valg.

«Når man er jente, trenger man konstant å passe på sitt utseende. Det kan kanskje være vanskelig for en gutt å fatte hvor mye tid og omtanke det krever. Konstant må vi være på diett, passe på hva vi spiser, på å få nok mosjon og ikke minst kroppsvedlikehold og sminke. Når en gutt sier «jeg liker deg som du er» mener han egentlig, jeg digger deg fordi du ser deilig ut, og du ser deilig ut fordi du tar var på deg selv.

147

Øl var derfor helt ute av bildet siden det får deg raskere fet enn noe annet produkt jeg aner. Cider, derimot, er perfekt; det går rett i nervesystemet til de som drikker det og får deg til å miste mål og mening. Det kan enkelt sies at det skjedde mye rart under påvirkning av denne herlige leskedrikken.

Men cider har en annen positiv virkning også, og det er sjelden du orker å spise noe særlig verken mens du drikker det eller etterpå. På den måten kunne jeg opprettholde en slank og smidig kropp som gjorde at jeg kunne snylte meg på fremmede menn hele den sommeren.

Selv om det finnes mange hull i hukommelsen min, angrer jeg ikke på en eneste ting. Hver eneste dråpe var verdt det …»

«… Hukommelse, min kjære, er ikke alltid hva det ser ut som …»

«… Hva? …»

Av alle steder å bryte inn skulle han avbryte akkurat her. Hun følte seg nesten latterlig, men lot ham fortsette siden det kanskje kunne få samtalen over på noe annet. Slik at hun kunne slippe unna å dykke videre ned i det vonde.

«… Hukommelse kommer i flere fasonger og versjoner. Av enkelhets skyld skal jeg dele den opp i tre hovedkategorier. Men i virkeligheten er det en helt annen fordeling og de faktiske grensene er varierende og simpelthen umulig å definere. Først har man den tradisjonelle hukommelsen, den med at hjernecellene konstant bearbeider nuet og lagrer en del av informasjonen i langtidsminnet, sånn at man kan aksessere det i senere tid. Graden av lagring og klarheten av informasjonen avhenger av hvor bevisst man er når noe skjer og hvor mange ganger man gjentar å huske informasjonen.

Den neste type hukommelse som vi skal ta for oss, er den utvidede lagring. Den type «husk» som lagres i de semifysiske og ikkefysiske lagrene, samt i selve sjelen.

Men først en advarsel: En ødeleggende livsstil vil mest sannsynlig også føre til skade på de ikkefysiske nivåene, og det er ikke uten grunn at det heter «arr i sjelen».

Den siste type hukommelse er fellesbanken som jeg liker å kalle den, eller tiden selv. Selv om vi mennesker har en tendens til å oppfatte tid som nåtid mellom det som skjedde og det som skal skje, er tid i virkeligheten mye mer komplisert; faktisk såpass komplisert at et menneske vil aldri vil være i stand til å fatte mer enn konturene av sannheten.

Det er dog sånn at, uten å gå nærmere inn på hva framtiden bringer, alt som noen sinne har skjedd, finnes i det som jeg kaller fellesbanken. Noen mennesker og andre skapninger kan i mer eller mindre grad sanse seg til, ved hjelp av forskjellige teknikker, fortidsminnet og dermed åpnes også muligheten for å huske ikke bare sin egen historie, men også andres.

Den siste type hukommelse, hvorvidt man tror på den eller ikke, kan være lur å vite av fordi den åpner opp muligheten for et scenario hvor andre kan «se» hva du gjorde den ene gangen du helst ikke vil at noen skal vite om.»

Han stopper å snakke. Bare ser tomt ut mot henne. Det knuger seg en stillhet i rommet. Hun vet ikke helt om hun skjønner hva han snakker om, men hun prøver å fatte betydningen av det. Hun ler.

«Med andre ord trenger jeg ikke fortelle historien fordi du kan lese den ut av meg likevel?»

«Ha ha. Teori og praksis er to forskjellige ting. Jeg er nok ikke så opplyst eller dyktig at jeg kan gjøre det, du får bare fortsette å fortelle.»

Hun skjønner plutselig at hun har blitt lurt – lurt til å fortsette dypere mot det svarte hullet. Nå er det ingen vei tilbake.

«Da høsten kom, våknet jeg en dag av at en liten gutt stod og kikket på meg. Jeg kjente ham ikke, men jeg visste med en gang at jeg ikke likte ham. Gutten ser på meg med stirrende, sitrende øyne og jeg vet at noe er galt. Jeg kjenner febrilsk over hele meg for å finne ut i hvilken tilstand jeg er i. Resultatet er sånn passe, men jeg aner ikke hvor jeg er. I et lite rom med et vindu mot en bakgate. Det er overskyet ute og det lille lyset som passerer ruten blender meg mer enn vanlig. Jeg bruker den høyre hånden som panneskygge og det går plutselig opp for meg hva som er feil. Den lille gutten har knallgule øyne – det er Satans sønn!

Gulfargen etser seg inn imot meg; gutten smiler og ler. Jeg er usikker på om det faktisk skjer eller om det er syner. Jeg har ikke mot i meg til å finne ut av det; jeg bare snur meg, reiser meg opp og løper. Løper bort. Finner en dør og river den opp, ned en trapp og nok en dør så er jeg ute på gaten.

Jeg fortsetter å løpe i en time uten å tørre å se meg for i det hele tatt. Jeg orker ikke mer – bare siger sammen. Jeg vet at det er på tide å reise videre. Frankrike går fort – jeg vet ikke hvorfor – jeg synes nemlig at de franske menneskene er hyggeligere enn sitt rykte. Dog kanskje er det likevel noe med dem som gjør at jeg gled fort videre inn i Tyskland. I den lille og idylliske byen Trier møtte jeg en herre som stjal hjertet mitt i det samme øyeblikket som øynene våre møttes.

For det første tror jeg neppe noen kan forstå hvor vakkert det er i Trier uten selv å ha vært vitne til det. Ja, alpene er bra og majestetisk. Vatikanet har selv et av verden underverker, men Trier ... Det er et romantisk paradis; det var bare som forventet at jeg skulle møte min motpart der.

Først møtte jeg dog noen andre: Angelik. Hun var som støpt fra det motsatte genet av meg, men samtidig likte vi hverandre – like plutselig og momentant som vårt møte. Hvordan møter jenter andre jenter i et sted som Trier?

Utenfor hotellets resepsjon i het klage mot resepsjonisten. Ja, til syvende og sist kan det hende at selv denne byen hadde svakheter. Edderkopper – store og mange av dem – krabbende rundt på rommene. Vi var begge forferdet over dette. Resepsjonisten prøvde seg med en svak løgn om at disse ekle stankelbeinene var et tegn på lykke. Pøh, lykke, du liksom.

Noe som førte til at nok en haggel av besvergelser dusjet som rambukker over ham. Hun var på vei ut av hotellet; neste reisemål var Egypt. Jeg ble med. Kanskje var edderkoppene likevel et tegn på lykke, for jeg har aldri truffet et menneske i mitt liv som jeg har følt meg så komfortabel sammen med som Angelik. Hele hennes vesen fikk meg til å føle meg hjemme – rolig – og vi kunne sitte konstant i timevis og bare prate og tulle om ingenting. Vet du hvor vanskelig det er å finne den følelsen mellom mennesker helt naturlig?

Som jente å reise til Egypt alene eller i selskap med andre jenter er ingen lek. Menn ser på deg som mindreverdig – som mosjon, nærmest. Går man kledd som vi gjorde, forskrekker det disse sarte sjelene enda mer. De tror av en eller annen grunn at de skrøpelige mannskroppene deres er Guds gave og at kvinnen bare er et dyr som de kan drive – på kjøkkenet og i senga.

Det gjorde så vondt i sjelene deres når de så leende, lekende kvinner som meg og Angelik at de stupte om. De glemte dog fort sine prinsipper når man fikk dem inn i et mørkt rom og kledde av dem. Det er virkelig sant at menn tenker kun med sitt lille hodet – på godt og vondt, kan man si.

Vi dro på dykkerferie. Det var første gangen jeg hadde noe særlig kontakt med vannskorpen. Nå var jeg dypt under og utforsket havbunnen. Det er en utrolig opplevelse som ikke kan beskrives. Her sitter vi mennesker og bruker år, ja, noen gang flere liv, på å bygge mesterverk på land, uten å ense at det ekte mesterverket hele tiden finnes under oss.

Rikt, fullt av liv og farger. Om jeg kunne velge å være noe annet enn et menneske, vil jeg være en «sjøhest på veggen» som kan duve bedagelig og observere livet der nede.

En kveld så Angelik meg dypt inn i øynene og jeg kunne se at alkoholen hadde gitt øynene hennes en dyp, mørk glans.

«La oss dra til Moskva», sa hun. Jeg ropte «Ja!» som svar med det samme og allerede kvelden etterpå var vi på vei.

Det var et sjokk for meg å komme dit. For oss begge. De fleste som kommer fra det som ofte refereres til som den vestlige verden, gjør ofte den feilen å tro at Russland er en underutviklet og fattig plass. Fattigdom er ikke alltid mangel på penger. Derimot er denne plassen så full av mystikk og merkverdig viten at vi hadde hendene fulle – magi fra alle kanter – overveldene – vi klarte nesten ikke å ytre et ord hele første uken. Vi hastet rundt og sugde til oss næring – viten om denne magnifikke plassen.

På den åttende dagen brast boblen og vi kunne ikke stoppe munnene våres; vi pratet og bablet i vei som nyfødte unger. Vi var i ekstase. Mine dager med Angelik i Moskva er de beste i mitt liv. Jeg lærte mye om historien og om livet i gatene, jeg ble et nytt menneske. Basisen for den jeg er i dag ble født der.

Av en eller annen grunn var det allerede blitt vanskeligere i den moderne verden å suge nektaren ut av den gamle majestetiske byen, siden det moderne liv truet fra alle kanter. Den 21. kvelden i byen spilte Scorpions. Det var stort; på tross av at det var tyskere som stod bak instrumentene, var russerne i ekstase. Da de avsluttet med «Wind of Change», var det mangt et menneske som deltok i en magnifikk og rørende, storstilt fellesgråt.

Jeg gråt ikke, for jeg forstod det ikke, men jeg kunne kjenne vibrasjonene i menneskemengdene – kjenne at Angelik pustet ujevnt og rykket meg i armen.

Etter den natten var hun borte. Jeg aner ikke hva som skjedde, men om morgenen da jeg våknet, var det ikke noe mer Angelik og alle tingene hennes var borte også. Det var som hun aldri hadde eksistert som noe annet enn noe i min egen fantasi.

Jeg visste med sikkerhet inni meg at jeg aldri kom til å møte henne igjen, og jeg gråt – gråt som jeg aldri har gjort eller kommer til å gjøre igjen.

Tilbake i Trier, ved bussholdeplassen, fikk jeg øye på en mann som hadde en fantastisk kropp, kledd i noen merkelig klær. Jeg lot øynene mine møte hans og vi visste begge at vi var fortapt.

Vet du hvordan det er å være fortapt forelsket i noen? Gi seg helt hen og bare la ham styre livet ditt?

151

Han introduserte meg til piller.

Han pleide å se lurt på meg – smile – gi meg en pille.

- Du er dop og jeg er dopa.

Forskjellige små piller, i forskjellige farger og fasonger, som sendte meg til steder og univers jeg aldri hadde vært før. Jeg sanset den fantastiske naturen på helt nye og spennende måter. Vår elskov var av en annen verden. Jeg kunne kjenne hver eneste celle både i min og hans kropp vibrere av ekstase.

Hver dag var heftigere enn den forrige. Det var som været her nede: på 15 minutter hadde man uten synlig grunn alle fire årstidene.

Han var bare ute etter kroppen min, resten av pengene mine og bilen min. Jeg stod alene igjen uten noe.

Kald, sliten, med et tungt sverd stukket langt inn i hjertet ringte jeg Ivano. Jeg kan ikke riktig fatte det, men denne unnskyldningen av en mann – fantastisk, snill og behjelpelig – stod der smilene foran meg fortere enn jeg fikk summet meg. Tok seg av meg og jeg var et lite øyeblikk fristet til å gi meg hen.

Men hjertet mitt blødde. Ivano eide ikke medisin – bare plaster utenpå. Såret trengte alkohol, piller og lettvinte menn uten mening. Av en eller annen grunn var jeg av den bastante tro at hullet bare kunne fylles med mer mørke.

Der ørnene dør, fylles templer med blod.»

Hun begynner å hikste nå. Han aner at hun ikke forteller den fulle og hele sannheten, men pynter på den for ikke å innrømme for ham eller seg selv hva som egentlig skjedde og hvorfor.

Han har intet ønske om å presse henne til sannheten. Han vet altfor godt at det er kun hun som kan det.

Hun hikster og faller nesten i gråt mens hun lirer ut av seg resten:

«Ivano fulgte etter meg på min ferd og gang på gang plukket han meg opp etter mine forferdelige kuler. Han visste hva jeg drev med; likevel hadde han alltid tålmodighet og et smil til meg. Han tok seg av meg – i retur fantes ingenting annet enn smerte.

Jeg kunne ikke … Jeg klarte ikke å stoppe.

Han holdt ut i et år før han slo meg med flatkanten i ansiktet og ropte til meg at jeg måtte slutte. At han elsket meg – at han ville at jeg skulle være hans.

Så gråt han og falt sammen på gulvet. Det var siste gangen jeg så ham.

Om jeg bare hadde visst hva det vil si å miste noen? Hadde jeg da gjort ting annerledes? Jeg vet at svaret dessverre er «Nei». Jeg vet at jeg hadde sjansen foran meg hele tiden til å elske, men jeg valgte noe annet og ville ha valgt det samme om og om igjen.

Da skjønte jeg at det var meg det var noe feil med. Jeg passet ikke inn i denne verden. Jeg lagde meg virtuelle bokser – sorterte de tingene jeg hadde i livet mitt ned i boksene. De boksene som skulle inneholde det som var viktigst for meg i livet, var underlig tomme. Jeg begynte å lete – høyt og lavt, nord, sør, øst og vest – til jeg fant dette stedet.

Helt opptil du kom brasende inn døren her, har jeg hatt mening her. Men nå har du utfordret meg, og jeg skjønner at selv her oppe i alt det skjønne – i den vakre stillheten – langt fra menneskers mas og tjas – lever jeg fortsatt på en løgn.

En forbanna løgn.»

Ordene smuldrer opp og det er bare gråt igjen.

Pytt 716

PP-tjenesten starter

«Ha alltid minst en Chochan klar.»

Nyttårsaften er ikke som andre dager. Det krever en skikkelig fest som må forberedes i hele romjula. Problemet med dette er bare det at romjula er full av andre spesielle fester som man har planlagt i langt tid; hvilket fører til at de fleste starter festplanlegginga allerede 1. januar – altså før den forrige festen har nådd sitt endelikt. Men uansett hvor mye man planlegger, har alt en tendens til å falle i grus fordi man vet aldri, aldri hva som hender. Noe uforutsett skjer alltid som endrer planene og rakettenes bane.

Arne hadde pyntet seg med en dress som lyste dyr og italiensk; han hadde fått låne den av Øystein siden den ikke passet ham. Arne hadde to poser under armene. Det var årets siste depot av alkohol, røyk, sigarer og godis. Alt skulle til pers før kvelden var omme.

Festen var hos Rebecca, som han ikke kjente, men flere av dem han likte å feste sammen med var der og det hadde ikke vært vanskelig å få innbydelse. Det var noe som naget ham, dog: han ante ikke hvor Øystein var. Meningen var at de skulle feste sammen som vanlig, men han hadde ikke klart å få tak i sin beste venn siden 6.-dagsfesten kvelden i forveien.

Den første timen krabbet avsted – sakte og rolig – men etter hvert som man kjente formen kom sigende, begynte gjestene å blande godsakene på uvettig måte og det ble mange artige og finurlige sprell. Festen utartet seg perfekt som en bra hjemmenyttårsfeiring skulle.

Da klokken ble 12 og året var over, stod de ute i 45 minutter med raketter og kjente ikke at kulda slo over dem siden hjemmebrenten hadde gjort sitt. Arne var ikke fornøyd, dog: det var ingen Øystein der og heller ingen single damer på festen. Bortsett fra Rebecca, da, som han ikke kunne utstå – hun så ut som ei gammal heks. Hun kompenserte delvis med å være jævlig ok, men viljen og alkoholen kunne bare endre fakta «så mye».

Problemet var at selv om det var mange ok kamerater, nådde aldri festen den høyden som Arne var ute etter. Av en eller annen grunn var folka for streite for ham og det kjedet ham. Han ønsket å drive faenskap.

Allerede klokka 3.13 var de fleste i seng eller dratt videre. Han blandet seg en siste drink og satt alene i stua og nøt hvordan den skyllte nedover ganen. Han var i ferd med å gi opp og la det nye året ta over med lovnad om bedre fest neste år.

Da kommer Øystein inn – drivende full – og slenger fingra sine i trynet hans.

- Lukt.
- Jeg kjenner en sterk eim av fitte.
- Fy faen, det er rått.
- Ja, fy faen, for en dårlig fitteånde.
- Ja, det er en grusom dunst; jeg prøvde å sleika ha, men
  klarte ikke, det var bare å fingre i vei og fyre på ha.
- Hvor er a nå?
- Ligger nede og venter på mer.
- Din gris, hvem er det?
- Janne et eller annet.
- Åssen ser a ut?

Porno viser fram et bilde av henne.

- Å faen, Øystein – faen og.
- Hva?
- Jeg pulte a i går natt.
- Shit ... vel det er for seint å gjøre noe med nå. Du ekke sur?
- Nei, e ekkje grådig. Men litt sur på at jeg vet navnet på
  ha – liker ikke å vite navnet på de jeg har pult.
- Men du har jo bare pult ei ...
- ... Du veit hva det betyr?
- Hva?
- Fra nå av er vi et team. Ikke lenger Øystein og Arne, men Porno og Pervo.

Guttene lar sine høyre hender sakte møtes mens de sier i kor:

- Jeg kjenner en sterk eim av fitte!

156

Level 11
Når man venter lenge, så venter man gjerne på noe godt. Terry's er et ondt spill som bare blir mer og mer frustrerende. Det er dog sånn at en lang dag spilling vil gjøre deg ekstremt god i det – inntil neste gang du spiller hvor det virker som om alt er glemt – i motsetning av kunsten å sykle. Når man endelig har slitt seg igjennom elleve grusomme brett, er det eneste som skjer at Terry endelig kommer fram til sin bestemor som spør finurlig på beste Rødhette-manerer: «What kept you?»

«Du vet hva som kommer, ikke sant?»

Hun har kjent det i noen dager nå, den underlige følelsen, sitringen i hele kroppen. Noe hun ikke kan styre i det hele tatt, men som styrer henne. Hun har problemer med å holde seg til arbeidet. Hun klarer ikke konsentrere seg. Hun tenker bare på en ting.

Han har det likedan.

Pytt 313

Terror i Oslo

«Maratan! Maratan!»

Det ville ha vært helt mørkt der om det ikke var for hundrevis av levende lys som flakkende brenner og lyser opp tilværelsen. Fargevalgene i salen er mørke med en overveldende faktor av rødt. Symboler – urgamle, med merkelige krefter – er risset inn over alt – både over, under og på veggene.

Stemmer lager et unisont «hmm.»

> «Vi er samlet som en enhet.
> Vi jobber for samme mål.
> Vi skal forene verden.
> Til ett rike.»

Hender klappes sammen synkront; det høres ut som et gigantisk klapp. Føtter trampes mot hardt gulv og det gjengis et hult ekko.

> «Han er med oss.
> Han guider oss.
> Leder oss,
> mot opptøyene.»

De samme lydene og faktene gjentar seg. Det er menneske som skaper dem, men man kan ikke se hvem de er. De har på seg kapper som dekker dem helt – med hetter over hodene.

«Maratan! Maratan!»

Igjen hummer gruppen synkront som om de var en enhet.

*

Live er i ekstase over å være i Oslo for første gang. Hun løper siksak rundt på hotellets frokostbuffe for å få plass til alle godsakene på tallerkenen. Selv om den er stor, er det ikke plass til alt og hun kjenner det som en personlig fornærmelse. Å gå to ganger faller henne rett og slett ikke inn. Litt snutt slår hun seg bort til sitteplassen og kaster seg over matvarene mens munndiareen flyter om alt hun har lyst til å se i løpet av dagen.

Hun enser ikke engang at Kenneth sitter der mutt, sliten og stille. Sier ikke et ord. På tallerkenen hans er to tørre brødskiver med brunost og glasset hans er halvfullt med vann.

Bacon, egg, salater, roastbiff, forskjellige typer laks tyter i vei og finner vei rett mot ganen hennes. Det er første gangen hun bor på fint hotell og hun skal benytte seg av hver en mulighet til å nyte det. Det er som om hun ikke kan stoppe mens munnen hennes snakker raskere og raskere.

Litt lenger nede i spiserommet står det to karer i blå kjeledress av det billige slaget og monterer opp en splitter ny TV. Det er viktig å se på TV mens man spiser frokost når man er på eksklusivt hotell.

Tilbake på rommet unnskylder Kenneth seg med at han føler seg uvel og ber Live starte utfluktene på egenhånd. Hun er ikke videre blid over dette, hun føler seg litt usikker på å reise rundt i Oslo på egenhånd, men hun skjønner fort at det ikke hjelper med å mase heller. Hun har null ønske om å kaste bort tiden og fyker ut av døren etter å ha minnet Kenneth på at han må komme etter så snart han føler seg bedre.

Han lover, men i det hun er ute av døra er han på føttene i en fei, gjør seg klar og lar det går høyst fem minutter før han stikker ut – på egen hånd.

*

Han har nettopp kjempet seg igjennom en hellers vanskelig artikkel i det vitenskapelige magasinet han har framfor seg. En interessant artikkel om hvordan passive egenskaper kan skjule seg i DNA-strukturen og bli aktivert ved spesielle hendelser som for eksempel ekstremt sjokk. Man kan til en viss grad omprogrammere et individs DNA-struktur (uten ved hjelp av mutasjon) for å endre individets egenskaper. Ordbruken i artikkelen er meget vitenskapelig dyp og han sliter med å forstå hva som menes, men tvinger seg til å lese alt siden han finner stoffet interessant.

I øret hans summer strofer fra Raga Rockers' Slakt: «Gjør ovnene klare, skru krana på fullt; vi skal bombes tilbake – tilbake til steinalderen ...!»

Han skal akkurat til å lese neste artikkel som tar for seg den store frosk-og-padde-døden pga. global oppvarming. På venstre side skinner Den gyldne padden som er utdødd mot ham, da døren går opp.

Han ser inn i øynene til en person som nærmest har vært død i hans verden en god stund. Det er med et lite stikk i kroppen at han forstår at det virkelig er *ham*.

- Kenneth?
- Du har blitt eldre, ser jeg, men bortsett fra det er du like kuli.
- Faen, det er du også.

Det oppstår en pinlig stillhet. De klemmer hverandre – smiler.

- Alt ble annerledes etter at du dro. Ting er ikke det samme lenger. Jeg er
  ikke den samme lenger. Vi har regelrett ekspandert fra den lille gruppen
  vi engang var. Her kryr det av jyplinger som vil leke Rambo; alle tror de
  er tøffere enn den neste, men når det kommer til stykket, er de bare feige
  mammadalter. De har spist for mange pizzaer og spilt for mye Playstation.
- Jeg kunne ikke bli. Det ble for mye for meg. Jeg måtte ut av det.
- Men du kunne jo ha gitt lyd fra deg, da? Åtte år
  er det siden jeg har sett deg – åtte år!
- Nei, jeg kunne ikke ha gjort det, Birger; du vil aldri forstå de
  tingene jeg måtte gå igjennom i livet mitt. Du var partneren min og
  hjalp meg med alt bortsett fra min egen smerte og ensomhet.
- Jeg var ikke bare partneren din – vi var venner.

Kenneth føler seg rar. Det er liksom plutselig en uendelig avstand mellom ham og Birger. De som hadde vært så nære hverandre før – som hadde delt livet på mange måter – i unge og hårde dager. Nå føler han bare et hav av avstand. Som om det hele er en dårlig fortalt historie. Et svunnet minne.

- Ja – det er sant. Men jeg er ikke av de menneskene som
  kan dele mitt indre til andre. Det burde du vite.
- Nei faen, det skulle ha gjort seg. Hva gjør du i byen?
- Jeg bor på landet – trygt og godt med ei lokal jente – Live heter
  hun – som er fantastisk nydelig. Hun har på sett og vis mast
  seg til en langhelg i Oslo. Selv hadde jeg mindre lyst, men
  når jeg først er her, tenkte jeg å ta turen innom og hilse.
- Blir du lenge? Ta en tur ut etterpå og ta noen øl?

- Sorry, men Live er «all over me». Jeg klarte med nød
  og neppe å lure meg unna til dette besøket.
- Synd, mann, vi burde stikke ut og ta en øl igjen og snakke om gamledager.
- Jeg vil helst slippe å huske tilbake.

Et minne trekker inn i Kenneths hode. Av en eller annen grunn har han rotet
seg til Irak, han har rotet seg opp i noe han ikke burde. Slått ned og forlatt i en
ørkenalkove – uten retning, mat eller vann lå han der og led av feberfantasier.
Han var sikker på at hans siste time hadde kommet, og han var for sliten til å bry
seg. Lo en fandenivoldsk latter. Det var altså her det skulle ende – i et møkkaland,
på møkkaoppdrag? Plutselig hadde Birger dukket opp fra ingensteds. Hvordan
hadde han funnet fram til han? Birger hadde jo ikke vært innvidd i oppdraget –
mest sannsynligvis visste han ikke hva han drev på med en gang. Birger hadde
helt i ham vann – bøttevis med vann.

Ei nydelig jente i rød, tettsittende kjole som leker lett i vinden kommer inn. Hun
ser overrasket på den ankomne.

- Kenneth!? Er det virkelig deg?
- Åshild?

De klemmer hverandre. Han er et menneske – hun er en maskin – nærmere
bestemt et hologram. De er begge tydelig glad for å se hverandre.

- Tar han godt var på deg?
- Birger?
- Ja.
- Birger er en kjernekar; mye flinkere å passe på seg
  selv enn det du noen sinne har vært.
- Jeg har forandret meg.
- Virkelig?

Hun tar et skritt tilbake og ser undersøkende over ham. Og fortsetter med å si:

- Ja, jeg tror jaggu du har rett. Du ser rett og slett bra ut –
  og det etter alle disse årene – hva har skjedd?
- Etter alt det vonde fant jeg kjærligheten, roen og meg
  selv. Jeg startet et nytt liv langt fra alt dette.
- Langt fra meg …

Igjen lager hun en gest, med et glimt i øyet, for å vise at hun later som hun er
sur.

- Ja, langt fra alt. Men du er vel ikke sint på meg?
- Langt i fra, jeg er kjempeglad at det går bra med deg.

Birger føler seg noe uvel over denne menneske til maskin ekstasen (eller kanskje han rett og slett er sjalu) og bryter inn i samtalen igjen:

- Rolig nå, turtelduer. Kenneth, Åshild har rett: du
  ser nesten ut som et nytt menneske.
- Takk. Hva skjer ellers – noe spennende?
- Terrorisme er stort for tiden, det er en del grupper som driver
  aktivt rundt om i hovedstaden. Det verste er at terroristene
  ligner på østblokkmafiaen; de har ingen skrupler eller moral.
  Det eneste målet de har er å spre frykt og faenskap.
- Du kødder? Jeg har ikke sett noe om det på nyhetene.
- Nei da, de holder som oftest lav profil. Planleggingen kan ta årevis –
  dekader. I det siste har vi merket økt aktivitet og det ser ut som Norge kan
  være mål for et kommende angrep. Troligvis et av de større. Gruppen min,
  SABKL, eller Ramlösa som vil pleide å kalle den, er dypt inne i materiet og
  driver med intens etterforsking på saken. Utvidede fullmakter har vi også.
- Det har dere jo alltid hatt?
- Jo da, men mer denne gangen.
- Ja, da er det sannelig stusselige tider.

Beethovens niende bryter ut; det er Live som ringer – ønsker å ha Kenneth med på shopping. Spør om tips om gaver til venner og bekjente. Han unnskylder seg, vinker hadet til Birger og går ut. Ute på gaten unnskylder han seg til Live, forklarer at han fortsatt er dårlig og er på vei til legen. Munnen til Live fortsetter å bable i vei de neste 15 minuttene før hun noe mutt legger på.

*

Kenneth kjører en sølvgrå Skoda i de små, men koselige bakgatene. Jokkes såre stemme klager om alle Verdiløse menn. *Er han en av dem? Har han egentlig gjort noe bra i livet? Eller har alt bare vært spill for eget galleri?* Minner fra svunne tider presser seg mot han mens han gjenkjenner steder, hendelser fra en svunnen tid i denne underlige byen Oslo. Ting har forandret seg, men minnene er de samme. Han finner en luke bak en knallrød nyboble.

Litt nedenfor står Bjørvika Trass-ensemble, bandet som har blitt en undergrunnskult etter at de lagde konseptet med å radbrekke kongens taler til harde blackmetallåter, og hyler på låta «Nyttårstalen år 2000».

*

Aslak har mye i hodet sitt – prøver å stokke alle de små bitene av tanketing han har å gjøre – uten særlig hell. Han er stolt inni seg; endelig er han i ferd med å oppnå noe. Han er glad når han hører ringeklokka. Noe ubehagelig finner han ut at det er uventet besøk. Det var det siste han trengte akkurat nå.

– Kenneth?

Stillheten truer seg over dem. Ingen av dem vet hva de skal si. Samtalen går hakkete og ordene henger knapt sammen.

– Aslak. Jeg er med Live i byen i helga så jeg tenkte å
    stikke en tur innom og se hvordan det går.
– Det går fint.
– Og drogene?
– Jeg er ferdig med det, for faen – har vært «clean» lenge, jeg.
– Bra å høre.
– Faen, jeg er straight, altså.
– Hvordan er det med folka våre?
– Faen, veit ikke jeg; hvem faen tror du du er som kan
    brase inn her helt uventet og begynne å rakke ned på
    en stakkar. Har du ikke noe bedre å ta deg til?
– Jeg mente ikke å …
– … mente ikke, og mente ikke … faen, du har alltid vært den flinke,
    den kule lissom, og når shit ble vanskelig for deg, bare stakk du.
    Tenkte aldri på oss som ble igjen – som måtte slite med gørra.

Kenneth angret med en gang at han hadde tatt turen innom. Akkurat nå virket til og med shoppingsenter med masekjeften til Live tusen ganger bedre enn å slite med broderen. Han skjønte seg ikke på ham og hva som drev ham. Det var akkurat som om Aslak trodde at livet var verre mot ham enn andre – men sånn var det jo ikke.

Kenneth unnskylder seg og forlater leiligheten. Vel nede ved Skodaen oppdager han at alle høyre bakhjulene i gata har blitt punktert.

– Faen. Aslak!

Aslak kommer ned og ser. Sammen erstatter de punkterte dekk med nødhjul både på Skodaen og bobla. De nyter å gjøre noe fysisk sammen og det tar ikke lang tid før de smiler til hverandre. De nyter stillheten. Så nære hverandre har de ikke vært på årevis. Som en liten familiesymfoni – som om de er 5 og 7 år igjen.

Men som en hvilken som helt annen sang tar den slutt og arbeidet blir ferdig. De pakker tilbake jekker og tvinge. Nikker. Det er nesten at de gir hverandre en klem, men det blir med en halvstartet bevegelse. Et håndtrykk, et takk og lovnad om å snakkes igjen snart.

Tilbake på hotellrommet tar han opp laptopen, bestiller et døgns nettabonnement. Ergrer seg over at Internett ikke er gratis – han som engang i tiden hadde fått helt angst av Internett. Slår opp info om terrorisme i Norge. Han finner overraskende mye. Han undrer seg på hvorfor ikke avisene plukker dette opp.

Han får Åshild til å sende over etterforskingsmateriale. De har en flørtene tone og samtalen varer lenge. Savn. Han vet godt at han ikke burde. Dette er ikke hans jobb. Dette tilhører hans sarte fortid. han lever et annet liv nå – et godt liv. Men noe dypt inni ham klarer ikke å la være. Alle bitene blir nøye gransket. Mønstre former seg inni hjernen hans; han leter etter svar – informasjon som ligger skjult imellom linjene. Etter flere timer med research hører han Live rave utenfor døra. Han reagerer raskt og instinktivt og før hun har klart å få opp døren, er rommet badet i mørke. Han later som han sover. Hun hopper mot ham – vil ha ham.

Kenneth kjenner stanken av halvfriskt fyll og gremmes – ikke så meget av Live som av seg selv. Altfor godt kjenner han sine egne tapre forsøk på å kapre ungmøer i redusert tilstand. Til å gjøre støt mot sine kjære mens han stinket som en tampong fylt av røyk og alkohyler.

Han tenkte tilbake til alt det vonde. Han visste godt at Karianne hadde hatt gode grunner for å true med å forlate ham, og likevel hadde han fortsatt som om han, Kenneth, var en form for superhelt. Men uansett hvor mange tøffe replikker han dro – hvor mange whisky glass han tømte – forble han bare et ynkelig, lite menneske. Karianne hadde, godsnill som hun var, vært der for ham likevel.

Han kunne ikke ha stoppet det som skjedde.

Men hvis han hadde valgt en annen vei? Hvis han hadde stoppet opp tidligere – blitt en annen – før det var for sent?

Live ga etter hvert opp og sovnet inn over ham. Kenneth ventet i fem minutter, så snek han seg over til den andre delen av sengen, men kunne ikke sove. Det hadde ikke vært noen god ide å komme tilbake hit – grave i alle minnene.

*

«Maratan! Maratan!»

«Han er med oss.
Han guider oss.
Leder oss,
mot opptøyene.»

«Maratan! Maratan!»

Seremonien ble avbrutt litt tidligere av banking utenfor. Det er utsendelsen fra Tsjekkia. Hun som skal hjelpe til med å lede operasjonen.

Hun er nydelig – så nydelig at han må ta et skritt bakover – han er ikke vant med å omgås fine damer. Snakketøyet oppløser seg på en måte.

Hun tar ham hardt i hånden. Gnir godt. Slipper. Deretter ytrer hun gebrokkent:

- Unnskyld, jeg har nettopp fingra meg.

*

Det er nesten som man skulle trodd at det blonde kvinnemennesket hadde drukket gulrotjuice i hele går der hun spreller vilt mellom koldtbordet. Hiver på med bacon, roastbiff, oster, egg, pølser, poteter, skinker, laks, grønnsaker og salater.

Kenneth er om mulig muttere enn i går. Likevel har han fylt på med to skiver med geitost som tennene maler smått i biter.

«Du er gørr kjedelig altså; første gangen vi er i Oslo sammen blir du syk. Og så er vi på luksushotell sammen og kan spise alle mulige slags gode retter og du sitter der som en uttørka nordmann og spiser raudost.» «Men jeg synes brunost er godt, jeg.»

Ser man på hele frokostsalen i det store og hele, er den fylt av forskjellige par og mennesker som av forskjellige grunner har rotet seg inn i hovedstaden. Nede i det ene hjørnet står en TV og skimrer – ekstraordinær nyhetsending.

Kenneth låner et halvt øye til nyhetene. Han ser noe som setter et støkk i ham.

Det er en reportasje om hvordan den nye Holmenkollen skal bli; de sammenligner med hvordan den er nå og før. Han kjenner den ene bilen på bildet. Han tenker tilbake på gårsdagen; bitene faller på plass. Er det virkelig mulig? Noe tungt setter seg i halsen hans; han håper ikke det, men han må vite sannheten. Live får underholde seg selv en stund.

Han reiser seg – velter tallerkenen; brunosten svever over og lander like under Lives hake. Han enser det ikke.

- Hvem er Åshild?

Spørsmålet henger rungende i rommet. Kenneth aner ikke hvordan hun har snappet opp navnet, men vet at han ikke har tid til å forklare nå. Før han forlater kjøkkensalen gir han Live et raskt blikk som sier: «Ikke nå!»

Han hopper inn i Skodaen og fyrer den opp og subber ut av parkeringsplassen bare for å irritere seg over at han har glemt å skifte ut nødhjulet. Dette kommer til å bli en prøvelse.

Jo Nesbøs noe irriterende stemme predikerer at «... noe stort er på vei ...»

På frontruten har noen stukket en løpeseddel med partiprogrammet til DFS, som allerede etter noen hundre meter finner ut at det er bedre å være fri med vinden.

Det hviner i dekkene mens han kjører så fort det er mulig oppover mot Holmenkollen.

*

«Faen!», roper hun på tsjekkisk. Så fortsetter hun på engelsk: «What kind of useless crap are you; you where not meant to trip the timer yet.» De to guttene ser målløst på hverandre – vifter uvitende med hendene som om de ikke hadde noen anelse om hva som hadde skjedd.

Den tsjekkiske skjønnheten ergrer seg; alltid måtte hun jobbe med amatører. Trodde de var terrorister, hva? Men alltid er det bare en gjeng hjernedøde idioter. Egnet seg best som selvmordsbombere; etter en fuck-up var de borte. Hun måtte smile ved tanken.

De andre glimtet det og øynet en sjanse. I samme øyeblikk er de i flytende munndiare for å vaske bort skylden. «Shut up! We need to get out of here immediately.»

*

Live satt alene ved frokostbordet noe perpleks. Hun hadde ikke fått med seg nyhetene og skjønte ingenting om hvorfor Kenneth hadde forsvunnet. Hadde han droppet henne? Hvorfor? Hadde hun gjort noe galt?

Hun kjente et stikk av usikkerhet og uvelhet flyte over henne. Hun prøvde å se for seg situasjonen, men det var vanskelig. Hadde noe vært galt siden de kom til Oslo? Var Kenneth virkelig syk? Eller var det noe annet? Hun angret sårt og brutalt på at de hadde kommet hit. Dette skulle være en fin helg med masse moro, festing, shopping og bli kjent med denne byen som Hamsun engang hadde sultet i.

Istedenfor hadde det utviklet seg til et mareritt. Han hadde forlatt henne. Alene her hvor hun ikke kunne føle seg trygg. Det hadde hendt før. Menn forlot henne alltid. Først alle de som hun hadde vært sammen med som var lokale sånn som hun selv. De lurte henne i seng med fine og svale ord for å «få seg litt» – deretter droppe henne.

Hun følte seg til latter. Så hadde hun truffet Eddie fra Nederland. Hun hadde endelig trodd at dette var mannen i hennes liv. De hadde holdt sammen i fire år. Fire år – hun hadde vært lykkelig. Det var en fin tid – som om livet fikk en ny begynnelse. Hun hadde blitt gravid. Eddie hadde vært i ekstase.

De hadde dratt på sykehuset sammen for å se at alt var ok; han hadde anbefalt å reise til Nederland siden doktorene der, etter sigende, var mye bedre. Hun var glad – hun skulle få se landet til den hun elsket. De skulle starte en familie sammen. Det var lykke.

Hun hadde blitt lurt. På sykehuset fikk hun narkose og de tok abort. Da hun våknet var hun alene. Alene! Det tok tid før hun forstod. Hun fornektet det. Hun ble opptært av sjokk – av skam – av sinne – av hat.

Det var det verste som kunne hende et menneske. Hun unnet ingen i hele den gedigne verden så stor ondskap. Hvorfor hadde dette skjedd henne? Hun hadde jo bare elsket Eddie.

Men det fantes ingen takk. Det var et vraket menneske som kom tilbake til bygda. Ingen andre der visste hva som hadde skjedd – men det var tydelig at ting var galt. Hun lukket seg inn i en ball av ensomt mørke.

Så en dag: En skitten mann med dongerijakke som lå forslått og fordrukken utenfor huset hennes. Hun tok ham inn og pleide ham. Han var i verre tilstand enn hun hadde trodd. Det var som om de delte en smerte som var for stor til å bære. Ofte kunne han ligge med tårer hele dager i strekk.

Ingen av dem hadde ønske om livet lenger, men levde bare videre i den mørke ballen. Men på et vis, i de lange timene sammen der hun pleide ham og han pleide henne, ble et lys tent. Kjærligheten, lysten og livet kom tilbake.

170

Det nye livet var enkelt og spartansk, men fullt av glede, og dager som ble omformet til endeløs nytelse. Hvordan var det at etter alt det onde kom det noe så fint inn i livet hennes? Hun hadde følt seg spesiell. Heldig. Lykkelig.

Og nå var alt slutt?

*

Det kom en bil mot ham. En rød boble. Han ser tre mennesker i bilen – han møter øynene til sin bror. Aslak! Hva faen? Han hadde hatt rett. Aslak brekker og bilen sladder rundt og spinner. Den manglende støtten fra reservedekket presser bilen nesten i grøfta.

Det blir et bilrace hvor deltagerne har ingen anelse om hvor eller hvordan resultatet ender. Til sammen har bilene bare seks gode dekk. Bilene presses mot naturlovene om hva som er fysisk mulig. Aslak for å slippe unna, Kenneth for å fange dem – fange sin bror.

Brødre, som innerst inne elsker hverandre, på jakt etter hverandre bare pga. alt det underfundige som skjer her i verden – som splitter familier opp.

Jakten ender opp der den skulle ha begynt: ved Holmenkollbakken.

Aslak løper ut og bort. De to andre løper mot Kenneth.

Han er overmannet, men har vært med på verre ting før. De sirkler om hverandre. Terroristene har fortsatt kappene på seg og minner om gribber som forventer føde. Jenta er verst; hun har tydelig vært i hardt vær tidligere.

Men de blir lurt av finter, slag og spark. Motstanderen er bedre trent en de har forventet og snart ligger begge på bakken. Utslått. Kenneth ser på den tsjekkiske jenta – utrolig pen og deilig, men også full av jævelskap. «Noen ganger må man slå jenter», tenker han.

Kenneth reiser seg for å få et overblikk over hvor Aslak er. Han skimter noe som beveger seg oppe i hoppbakken. Dumt – veldig dumt. Ingen plass å komme seg unna. Kenneth hiver seg etter. Vel oppe sirkler de om hverandre. Kaster seg over hverandre. Slår og sparker. Aslak vrir seg rundt og stopper rett i øynene til Kenneth. Det brenner flammer i synet. Det er så mye smerte, så mange spørsmål, men ingen svar å finne.

De har ingen kontroll. De ruller ut på avsatsen og begge prøver febrilsk å finne noe å holde seg fast i – uten hell. Farten tar seg opp og de farer nedover mot hoppkanten. Faretruende.

*

Et helikopter kommer svingene over dem, det er ikke politiet som er først på scenen, men nyhetene. TV-bildet – sendt direkte ned til en frokostsal der Live sitter og furter. Denne gangen ser hun.

Hun ser Holmenkollbakken eksplodere i en fanfare av flammer, røyk og blest. To mennesker som holder rundt hverandre og svever ut av flammene. Det er nærmest uvirkelig. Så utrolig at det hele minner om en dårlig film fra 50-tallet.

Sannheten er ufattbar.

Selve ursymbolet på Oslos stolthet, ja, – Norges stolthet – oppløser seg i løpet av få sekunder til aske – kull – ingenting.

Det er som om noen hadde angrepet henne personlig. Dypt og inderlig.

Hun vet i det øyeblikket at *hun* må finne ut av det.

*

Kenneth ruller seg til siden som om Aslak har kastet ham, «Stikk – bare stikk for faen», roper han. Aslak reiser seg og løper. Løper som han aldri noensinne har gjort før. Det er ikke friheten det handler om, men skammen. Skammen som det ikke går an å løpe fra.

En taxi kommer kjørende og stopper opp ved Skodaen. Birger og Live løper ut. Live bort til sin kjære. Dytter og puffer ham. Hun ser strengt på ham.

- Hva faen er det du driver med? Hvem er denne Åshild?

Kenneth smiler opprørt som når man blir tatt på fersken for noe man ikke har gjort.

- Senere, babe – senere.

De omfavner hverandre og kysser heftig. Alt er bra igjen – nesten. Birger setter seg på panseret og smiler – humrer lett ut i luften: «Den jævelen klarer aldri å holde seg borte fra trøbbel».

*

De sitter i frokostsalen. I dag har Kenneth forsynt seg vilt av alle rettene. To store

172

tallerkener fulle har han plassert på bordet. Live derimot sitter med to brødskiver brunost. «Denne brunosten er jaggu god», sier hun.

De smiler begge to. «Jeg tror jaggu vi blir i Oslo noen dager til», svarer han.

*

Han er sliten. Løper fortsatt. Sliten. Løper. Må hvile. Han har klart å komme seg unna. Han er alene nå. Han siger sammen. Tenker: «Det er mange mulige veier i livet – så altfor lett å gå seg helt bort; forhåpentligvis er det mulig å rette opp.»

«Oki, du hadde også rett.»

Inne i blant hans kalde, sitrende kritikk – hans kalde og hårde skulder – stillheten mellom ordene – finnes det ren beundring. Han beundrer henne for den hun er, det hun gjør og alt hun kan.

Han har rett og slett ingen sjanse. Det må gå som det går. En kveld der de sitter der over en underlig suppe som varmer blodårene forfriskende, ser de dypt inn i hverandre. Så dypt at munnene møtes – først forsiktig, prøvende, søkende. Så med lette kyss stryker han leppene over huden hennes. Ansiktet nuppes av deilige, halvvåte kyss.

Suppebollene – først en, så begge – faller om på gulvet. Suppe over alt.

Han stryker håret hennes – ømfintlig – mens munnen leter etter nye strekker rundt nakken hennes – bak og fram igjen og opp til øret. Hun skriker til av nytelse mens han tygger lett over øret. Lar tungen sirkle rundt ørevippene og en og annen tann komme borti.

På underlig vis, som med tusen ben, forflytter de seg til sengen. Her er det lov å fortsette – fortsette med alt det som er godt.

De studerer hverandres øyne – dypt og inderlig – kysser, leker med hverandres lepper og tunger, biter lett i partneren. De *elsker* hverandre.

Han kler av henne på overkroppen; hun har ikke BH på. Leppene hans leter med heftige kyss over den venstre armen, den høyre armen, halsroten, nedover midjen, og opp igjen rundt brystene. Han sirkler rundt det venstre brystet – oppover mot midten – forlater – åpner munnen på vidt gap og gaper sakte over brystvorten.

Hun stønner høyt, *alle* kan høre henne.

Han fortsetter rundt det høyre brystet – på samme måte. Bruker begge armene til å stryke rundt på henne.

Hun begynner å stryke og kysse tilbake. Begge reagerer momentant. Stønner – puster.

Han må videre. Tar hennes venstre pekefinger og fører inn i munnen; omslutter den som om den skal slukes, suger og slipper igjen; fyller munnen med to fingre og slipper med noe press.

En tåre presser seg ut av det høyre øyet hennes, men han ser det ikke. Han er på vei nedover magen – mot …

Han trekker av henne på underkroppen – lar trusen sitte på. Tungen ønsker å konsumere hele henne. Med lette strekk leker den seg nedover – nedover – helt ned til tærne. Han tar og omslutter tærne med deilig spytt – suger dem inn i seg – flere om gangen. Til slutt har han begge stortærne inni seg og han løfter føttene opp.

Hånden hans finner fram til blomsten som han stryker på igjennom det lette laget av tøy.

Hun må ha ham nå, men får ikke. Han skal først leke mer. Han omslutter henne med kyss over hele kroppen. Sakte og pirrende. Hun ynker seg – skjelver – lengter etter ham, selv om han er der.

Stryker og kysser tilbake. Det er som selve evigheten.

Plutselig er tungen rundt henne – i henne – og bølger strømmer igjennom henne. Noe hun aldri har følt før. Flere stille tårer presser seg på mellom stønnene.

Han fyller henne – sakte, pirrende, mens hun vrir seg – og han kjenner musklene hennes omslutter ham. Muskler hun ikke visste hun hadde – som hun aldri har kjent før.

Alkymistens fremste våpen er tålmodigheten – tålmodigheten til å vente – vente på løsninger – nøkler som åpner muligheter som ingen andre har ant fantes, eller som bare fantes i drømmer og fantasier. Til å bryte alle barrierer. For å oppnå muligheter til å endre materiens egenskaper med den ultimate konsekvens å manipulere selve livet.

Kjærligheten er den samme energi som underbygger all eksistens og ikke-eksistens. Det er den veldige substans som danner byggesten til Altet. Derav kjenner ikke kjærligheten noen grenser; den bryter alle murer, materielle, kulturelle, aldre – ja, den bøyer til og med tid og rom.

Er man på lag med kjærligheten, finnes det ingen grenser.

Når hun er full, presser han videre – videre til et nytt klimaks.

Men han stopper ikke – bare fortsetter – og de kysser og synker dypere i hverandres øyne – dypere en selve sjelen.

De elsker hverandre. Så eksploderer de begge samtidig mens øynene fyller hverandre så ingen vet hvem som er hvem. Vesuv vil frem og ut.

Men Etna er ikke tømt – fortsatt sprengende hard. Hun trekker ham ut – vilt. Er det mulig, tenker hun? Er det mulig? Han er et beist. Hun roper det ut: «Ditt beist!»; munnen hennes hopper over staken og leppene hennes legger seg rundt til steinene som hun sluker en etter en. Slikker på det ømfintlige punktet rett under og tungespissen ledes bakover mot hullet, og tilbake.

Han vibrerer allerede ukontrollert mens hun lar munnen leke oppover tårnet og sluker det – sakte sånn at leppene glir mørt over huden hans. Hun lar ham komme helt inn. Vugge sakte. Raskere.

Når champagnekorken spretter, lar hun leppene stritte lett imot ham så han uler av vellyst. Han kjenner ikke seg selv lenger. Hun fylles av glede. Av kjærlighet.

Men rambukken faller ikke sammen. Den vil mer – hun vil mer. Hun leder ham ned til rosen igjen.

Dem spretter og duver, duver på bølgene – ukontrollert med mening. Gang på gang på gang. Til han synker hen utmattet over henne og sovner, men hun kjenner ham fortsatt inne i seg. Hard som en enhjørning.

Musklene hennes krampes fortsatt og trekker i ham. Til hun sovner.

Pytt 833

Et lite stykke Alfaterra

«Det finnes ikke magi, det er noe alle vet.»

I mylderet av evigheten finnes det andre verdener enn våre. Mange ting oppleves annerledes, men det finnes naturlig nok også et fullt knippe av likheter.

Langt, langt borte ligger en liten verden som heter Alfaterra og der har Ixchell akkurat våknet.

Hun skraper håndflaten bak nakken. Det er en form for ru hevelse eller formasjon som irriterer henne. Hun ønsker at kroppen skal være silkemyk og perfekt uten noen form for misdannelser.

Den ru hevelsen vil ikke forsvinne og hun bestemmer seg med en gang at hun skal ta turen til doktoren for å fikse på dette.

En lang og god frokost er fast rutine i hennes liv. Hun benytter tiden til å lytte på dagens banklotteri. Hun drømmer en dag om at hun skal vinne lånet fritt. Hun vet godt at den teoretiske sjansen for at det skjer er liten, men håpet ulmer trassig.

Da vil hun nemlig kunne starte et nytt liv. Et liv hvor hun kan gjøre det hun vil – oppfylle sin drøm.

Hun drikker en varm drikk og summerer nyhetene det siste døgn. Ute er det en nydelig morgen hvor solen smått har begynt og varme og det er som selve verden er i ferd med å våkne i perfekt harmoni.

Idyllisk tegner hver morgen seg for henne. Hun nynner en melodi – en ynkelig en som krystalliserer seg nesten som jammer. Det er en låt av Magnetic Silver Sleeves med navnet «Love is Reels».

Hun steller seg ferdig, pakker og spaserer til skolen.

Hun er en meget elskverdig lærerinne som elevene elsker uhemmet. Hun får alltid gaver av både de små og deres foreldre. Hjemme har hun flere skap fulle av gavene. De som kommer på besøk til henne blir alltid imponert, det er jo ikke normalt å nyte slik popularitet.

Jobben er det beste hun vet – å være der for jyplingene – vise dem på vei mot opplysning, viten og kunnskap. Finnes det noe som er bedre enn det?

Hun føler alltid et lite sukk når dagen er over og hun atter må pakke for å komme seg hjem. Men hun vet at sukket ikke varer lenge. Hjemme sitter hun atter og ser ut av vinduet ut mot gaten – drikker en deilig varm drikk med søtlig smak.

Etterpå slapper hun av med en bok mens solen steiker dagens siste stråler over henne. Stråhatten hennes beskytter.

Før hun vet ordet av det, blir hun blendet av tonene i skinnet fra den minste månen. De minner henne om en av hennes elever: Elisa.

Elisa er en liten, søt pike som har et vidunderlig allodium av en stemme som alle bedårer. Hun synger så skjønt at alt rundt henne ikke har noe annet valg enn å vibrere i hengiven takt og ære for hennes vidunderlige stemme. Hun pleier å gå langs gatene og synge hele kvelden uten stans. Hun er hjemløs, men hver natt blir hun tatt inn og bedt på både kveldsmat og husly.

Om natten bærer hun på en fryktelig hemmelighet. Hun vrir seg ondt og hver morgen våkner hun av et stumt skrik før hun tripper til skolen.

Elisa har en hund. Den er knall rød og blafrer som flammer. Ser man lenge inn i flammene, kan man av og til skimte et vaiende blåskinn. Som om det finnes et skjult hav med sine hemmeligheter, skatter og historier gjemt der inni pelsen.

Bortsett fra skolesakene er hunden hennes eneste eiendel. *Hvem eier hvem?*

Når Elisa er på skolen, pleier hunden å løpe til den andre siden av kloden – på det høyeste punktet i utmarka – og ule mot de tre månene som blafrer forbi. I ukens avslutende dag stiller hun seg på torget sammen med hunden og synger hele dagen; på noen av sangene hender det at hunden uler med så det blir en duett ingen har hørt maken til. Alle samles rundt henne og hører på i en bemerkelsesverdig undring.

Vibrasjonene i tonene er så vakre at tilskuerne beruses; de farer av sted i vakre drømmer om fantastiske reiser i eventyrlandene; hvor prinser og prinsesser slåss med alskens ondt pakk og vinner – mot alle odds – både kjærligheten og kongeriket.

Det er en liten gutt som heter Piate som er hodestups forelsket i Elisa. Men han er altfor sjenert til å fortelle det til noen. Han er ung og usikker i hele sitt vesen og tror ikke at det finnes noen som vil elske ham tilbake.

Det ligger en klump i magen hans som størkner og håper at en dag vil Elisa snakke med ham – se ham – og at de vil bli sammen. Dette drømmer han om – gang på gang – mens han står bak sammen i folkemengden og lar Elisas stemme forføre ham til nye høyder.

Piates beste venn heter Fredrikk. Fredrikks foreldre er uvenner; de slåss og krangler hver eneste dag. Det varer bare til natten kommer så omfavner de hverandre og glemmer alt helt til neste morgen. Det er som selve dagen har senket en forbannelse over dem.

Fredrikk holder seg unna hjemmet sitt og går som oftest timevis gatelangs alene. Sammen med Piate pleier de å leke forskjellige enkle leker med små kuler av den vakreste krystall som Fredrikk en gang stjal fra en omreisende nomade.

Hvis man tar og løfter kulene opp mot de tre månene om natten, splitter de lyset i en sådan skjønn harmoni at det er det vakreste guttene noen gang har beskuet. Det blafrer i lyset og oser ut av kulene som den reneste magi.

Men magi finnes ikke i Alfaterra; det er noe alle vet.

En kveld tester Fredrikk og Piate krystallkulene på en fjern odde. De lar de egenartede lysformasjonene speile seg i vannkanten sånn at magien blir fordoblet. Det er så vakkert at de nesten dåner av glede. Plutselig hører de noen fryktelige lyder. Ukjente som de er skaper det redsel i de små guttene og de løper inn i skogkrattet for å skjule seg for eventuelle farer.

Angsten har satt seg så dypt i Fredrikk at han ikke stopper å løpe før han er hjemme. Uttrykket i øynene hans får foreldrene brått til å stoppe kranglingen en gang for alle.

Piate gjemmer seg hodestups bak en stein og prøver å få med seg det som skjer i retningen av lyden. Det han får se er fryktelig.

En stor metallisk og firkantete skapning rusler hvileløst fram og tilbake. Hver gang føttene stamper i bakken, rister bakken som om det er selve Djevelen som går der. En kald, vemmelig følelse fyller Piate med skrekk. Han skjelver ukontrollert.

To mennesker kommer bort til metallskapningen. De er ikke redde. Er skapningen vennlig? Hva er det for en skapning? Piate rekker ikke tenke lenge fordi noe utenkelig skjer.

Menneskene heter Karl og Benedicte. Roboten heter Kesam. De diskuterer lavmælt om de siste forsyningene.

Karl: Har du stæsjet?
Kesam: Rolig – betalingen først.
Benedicte: Ikke prøv å lur deg unna; du fikk dobbel betaling forrige gang (griner på nesen), og det var ikke spesielt god kvalitet.
Kesam: (Ler) Ja, det hadde jeg nesten glemt.
Karl: Særlig.
Kesam: Rolig nå, jeg har alt her.

Karl og Benedictes hud åpner seg, og en raskt, men møysommelig transformasjonsprosess starter. Plutselig er det tre roboter som snakker sammen. Kesam fjerner en grønn boks fra midjen på de to andre robotene og erstatter dem med to nye, skinnende bokser.

Karl og Benedicte transformerer seg tilbake til mennesker.

Benedicte: Hysj, hva er det?

Alle snur seg og ser en liten gutt som snubler over en stein noen hundre meter bortenfor. Piate prøver å løpe fra dem, men han er ingen match for Kesam som slår ham så hardt at han faller livløs overende.

Karl: Kesam, hva faen er det du gjør; mord er ikke en del av planen.
Benedicte: Shit, shit, shit, shit.

Kesam er lynrask. Han vet hva som må gjøres. Han trekker begge hendene bak nakken på de to andre og kobler til konsollet. Ultraraskt – før de to andre rekker å reagere – har han slettet de siste timers minne og satt i gang hvileprogrammet til Karl og Benedicte.

Livløse faller de sammen.

*

Er dette slutten for Piate? Skal han bare visne bort og dø? Skal hemmeligheten som robotene bærer på bli borte for alltid?

*

I Piates foreldres stue sitter hans nærmeste familie samlet sammen med Fredrikk og Ixchell. De sørger tungt. Det er ikke ofte det dør noen, så det tar ekstra hardt på. Utenfor i ring er det mange som står samlet rundt i sympati og sørger med.

Det banker på døren. Inn kommer Elisa sammen med hunden sin. Hun gir tegn til alle der at de må være ytterst stille. Hun hvisker en sang. Det er en fryktelig hemmelighet som åpenbarer seg for de andre.

Det er tårer som drypper ut av Elisas øyne. Piate var ment å bli hennes utkårede.

De forstår, men vil ikke vite – ønsker ikke å vite sannheten. Elisa ber Ixchell skrive et brev hvor de ber om å få Piate tilbake for enhver pris. Elisa tar med seg brevet og forlater huset.

Ingen tør å snakke om det som har hendt, men går tilbake til livene som om ingenting har skjedd. Men alle håper innerst inne at bønnen i brevet blir hørt.

*

Her forlater vi Alfaterra for denne gang. I motsetning til vår verden som har vart i nesten en hel evighet og kommer heller ikke til å slutte med det første, er Alfaterra en kortlivet sak, og det er ikke sikkert at den i det hele tatt kommer til å bli husket. Hvis ikke vi alle er flinke til å fortelle videre om den til alle vi møter på vår vei.

«Tidens udugelige lån, vil aldri bli betalt.»

Når man ligger sånn deilig og utmattet, men ikke minst trygt ved siden av hverandre, pleier munnene å løsne og man snakker løst og ledig om det meste. Mye av det man sier er ofte fjolleri, men det hender også at man er innom noen mer seriøse temaer. Han kysser henne lett på venstre hånd og sier:

- Problemet med vitenskapen er at den baserer seg på at alt skal
  bevises først. Derav har den glatt utført det kunststykke å gjøre
  avkall på all viten – klokskap – som fantes før vitenskapen. Man er
  tilbake på punkt null. Før man skal tro på noe, skal det bevises. Å
  bevise alt tar tid, man må utvikle metoder og instrumenter som er
  «nøytrale» sånn at det er den absolutte sannhet som kommer fram.
- Ha ha, men det tar jo evigheter å bevise alt, og imens er alt man
  visste før å betrakte som simpel overtro og går i glemmeboken,
  bortsett fra hos noen få som bærer bruddstykker av den
  gamle viten med seg fra generasjon til generasjon.
- Har du hørt om Schrødingers katt?
- Ja, men jeg vet ikke hva det er.
- Det er et merkelig forsøk som får mye oppmerksomhet. Jeg skal ikke
  gå inn på alle detaljene, men kort fortalt tar man en katt og legger den
  inn i en eske. Det er 50 prosent sjanse for at katten blir drept inne i
  esken. Siden vi ikke kan se inn i esken debatterer man hvorvidt katten
  eksisterer i et stadium hvor den både er levende eller død, eller ikke.
- Og?
- Problemet er at hele forsøket er tull. Det er omtrent like
  dårlig utnyttelse av vitenskapen som når Erasmus Montanus
  overbeviser sin mor om at hun er en stein.
- Hva er det du skal fram til nå?
- Bare fordi vi ikke kan se katten eller har noen instrumenter for å måle

hvorvidt den er død går vi automatisk for at vi ikke kan vite hvorvidt den er død eller ikke. Altså at sannheten om verden bare kan være innenfor det du, eller jeg, eller hver enkelt er i stand til å se eller måle; alt annet er usikkert og befinner seg i et mellomstadie inntil det øyeblikket det er målt.

- Litt sykt, ja; det er jo ikke akkurat som om urtene utenfor forsvinner i det store intet bare fordi vi ligger her i senga.

- Nettopp. Det er det som er vitenskapens feil: i dette øyeblikk fornekter den urtene utenfor. Metoden er grei i seg selv, men kun som en komplimenterende metode til annen viten.

- (Ler) Jammen kan du si, du har mye rart i skrotten din, du.

De ruller raskt rundt hverandre; så møtes øynene deres. Stillingen fryser. De vet med ett at alvorets time har kommet.

- Du vet det vel?
- Ja.

De elsker på nytt en siste gang.

*

Mens han ligger og purker i sin egen drømmeverden, ligger hun der og beskuer ham – lurer på hva som er der i drømmene hans. Hun finner noe av skribleriene han har nedtegnet i den siste tiden og leser:

«Det er en annen ting som bør nevnes innen verdier. Det er nemlig sånn at vi mennesker har en tendens til å irritere oss uforholdsmessig mye over skatter og avgifter. Vi har en tendens til å se bare en side av situasjonen: en ganske egosentrisk og enveis side av saken. Som sagt er det ikke pengene som er den egentlige verdien, det er bare et verktøy for å forvalte de virkelige verdiene som ofte kommer i bakevja fordi vi har en tendens til å se oss blinde på penger. En del av det man betaler går ikke direkte til den tjenesten man betaler; dette kan skje via skatter og avgifter, men skjer også via at summene man betaler for en tjeneste eller ting også dekker mange bi-ting, som kostnader for reklame og diverse administrative kostnader. Det er ikke bare sånn at disse subsidierte verdiene er med å forøke verdens mangfold som vi er sårt avhengige av, men disse verdiene kommer deg (og dine) til gode hele tiden; det er bare ofte ikke lett å få øye på alt det som du (og dine) får tildelt «gratis». Fordelingen kan ofte være urettferdig, men det betyr ikke at man skal ta den vekk; man skal bare jobbe med å få den til å bli mer rettferdig.

I den «moderne» sivilisasjons verdibegrep og pengejakt er det noen enkle teorier som har fått råde som har fått fokuset vekk fra et helhetlig og bærekraftig globalt system. Derav er det sådan at mange mennesker i verden sitter fast i industrier som fremhever gamle tankeganger og derav er både økologisk og menneskelig skadelig. Et eksempel er at selv om vi stadig utvikler teknologi for å bli et mer papirfritt samfunn så fremmer den samme teknologien lettelser i det administrative. Man kan ha noen kraftige servere og maskiner som gjør mesteparten av jobben som man før trengte en hel organisasjon for å utføre. Det fører til billigere og lettere tilgang for forbrukerne, eller i alle fall de med oppdatert nettverkstilgang, men det tar vekk mange ledd av mennesker i prosessen som fortsatt har like stort behov for penger for igjen å dekke sine personlige behov. Ofte er alternativene for disse menneskene få og ofte blir alternativene å drive med jobber som er like eller mer skadelig for helheten. For eksempel får man gjerne mer reklame på døra hver dag enn man gjorde før; reklame som krever en industri som inkluderer trehogst (om man ikke bruker resirkulert papir), foredling til papir, transport, typografi, osv.

Om man omprioriterer sitt fokus til et mer helhetlig og bærekraftig system, vil man kunne omforme alle leddene i denne prosessen og likevel opprettholde pengeflyt og jobber til de som faller unna i effektiviseringen. Selv om disse systemene ikke er kompatible med «moderne» økonomiske teorier, er de rimelig kompatible med dagens økonomiske modell, og det har i mange tilfeller blitt bevist at å følge helhetlige, bærekraftige modeller skaper ikke bare bedre levevilkår, men også en boost i økonomien. (Et bærekraftig system tar hensyn til alle ledd i prosessen: økologiske hensyn, humane hensyn og har en helt annen verdibasis enn ren økonomisk profitt.)

Som enkelt sett betyr at jeg, du, ja alle, kan begynne allerede i dag å endre verdibildet.»

*

Han våkner fornøyd noen timer senere. Han reiser seg opp. Han er alene i hytta. Han steller seg, spiser frokost og gjør seg klar for å ta imot dagen. Han åpner døren og stiger ut. Solen hilser på ham som om hver dag er selve begynnelsen. Det er fortsatt kjølig i luften; i natt har det vært kaldt. Den gysegrønne frakken gir ham en underlig, varm og rolig beskyttelse.

Det knekker og brister i tusen pytter rundt ham. Sammen blir det til en symfoni av bråk og støy. Han vakler seg noe ustø bort til nærmeste pytt. Vannet er byttet ut med isflak; han løfter det opp og ser at selve regnbuen har blitt fanget i flaket.

Tusen pytter, tusen flak, tusen regnbuer som holdes til fange.

Han smiler. Nå er hun bare et vakkert, evig minne.

Midt på natten i lett blålig skinn.

Dynket i svette,

puster ut rytmen av en ond drøm.

Tumler ut på balkongen.

Er vitne til månen og stjernene.

En mektig gave,

fra de evige der ute,

de har tatt vare på hennes edleste.

Hun kan elske igjen.

Noen ord fra forfatteren:

Dette skulle vært slutten, men gjett hva? Jeg var ikke i stand til å avslutte serien her og vi kan glede oss til nok en bok: en dundrende avslutning.

For å sørge for at bok 3 og 4 leverer en opplevelse utenom det vanlige med de uvanlige overraskelsene og krumspringene, har jeg og mine medhjelpere jobbet nitidig, på spreng, for å skrive om og forbedre manusene.

Om du lurer på hva du skal finne på i mellomtiden, mens du venter, kan jeg kanskje foreslå: Spre ordet videre til andre, via jungeltelegrafen (venner, bekjente og ukjente), Internett, aviser, radio og TV. Du kan også låne bort, gi bort eller kjøpe boken/bøkene i gave til andre. Om du ikke har lest de første to bøkene i serien, er dette det perfekte tidspunkt å gjøre så.

Jeg kan også foreslå å utøve aktivt noen gode dyder i hverdagen, (det er altfor lett i en moderne og travel verden å miste litt i handling dine egne individuelle gode sider og heller bli forført av et jag etter penger, å være flink, penest eller best) da snakker jeg om: 1. mot til å gjøre noe du vanligvis ikke tør, 2. dele din visdom med andre, 3. vise måtehold i forbruk, 4. være ærlig med deg selv og andre, 5. utøve godhet i hverdagslige handlinger, 6. være gjestfri mot andre, 7. praktisere ydmykhet selv om du vet best, 8. være takknemlig for det du har, 9. være gavmild mot andre, 10. fylle deg med positive tanker.

Om du har tanker, spørsmål eller innspill kan du alltids sende meg en e-post på don_chand@chasvag.com. Til neste gang vi møtes ønsker jeg deg mye glede og moro.

Med vennlig hilsen
Chand Svare Ghei

Du har nettopp lest tredje bok i Chand Svare Gheis fortellingstetralogi:

Bok 1
Nesten som magi
Introduksjonen til et fiktivt univers nærmest som vårt, men med merkelige og uventede forskjeller. På vår reise inn i historier som snegler seg mellom steder, mennesker og genrer er vi aldri trygge på hva som er virkelighet og hva som er fantasi.

Bok 2
Mørket – Håpet
Denne gangen foregår reisen på et dypere, personlig plan, individets kamp om tilværelsen. Personene vi møter, opplever sitt livs verste krise, ofte i situasjoner tilsynelatende uten utvei.

Bok 3
Regnbuepyttene
Når man noen ganger må gi slipp, gi opp, er det faktisk der i brytningpunktet at man kommer til selve begynnelsen.

Bok 4
Idyll
Reisen er ved veis ende. Hendelser som vi har vært vitne til i de tre foregående bøkene er i ferd med å kulminere med et samlet persongalleri som på underlig vis har strandet opp på en øy, plaget av et mordmysterium som sårt skriker etter oppklaring.

www.chasvag.com

regnbuepyttene

"Øynene våre møttes. Det tok ikke mer enn brøkdelen av et sekund før de smeltet sammen på underlig, emosjonelt vis. Med ett skjønte jeg at det fantes kjærlighet ved første blikk. Blasse, blå øyne som lyste av desperat trang til å være nær meg ... uendelig nær. Men øyeblikket gikk fort over, kanskje varte det bare i brøkdelen av et sekund. Var det hele et mentalt bedrag eller hadde hun følt det samme?"

"Hun har kjent det i noen dager nå, den underlige følelsen, sitringen i hele kroppen. Noe hun ikke kan styre i det hele tatt, men som styrer henne. Hun har problemer med å holde seg til arbeidet. Hun klarer ikke konsentrere seg. Hun tenker bare på en ting."

Denne boken handler om hvordan man i forsøket av å rømme fra virkeligheten spiller russisk rulette om å vinne eller å miste seg selv.

Chand Svare Ghei

Chand Svare Ghei (1976) er en av NATOs ledende ingeniører innen IT- og telekommunikasjon. Han har et bredt erfaringsgrunnlag både fra Norge og utlandet. Han har tjenestegjort blant annet i Afghanistan, Bosnia og Kosovo. Det er fra virkeligheten han finner inspirasjon til sine bøker fordi han mener at det er i våre egne liv at de beste fortellingene skapes.

ONE PEOPLE
WITH A COMMON BELIEF IN A POSITIVE FUTURE

HASVAG.com

ISBN 978-82-998681-4-3

ISBN 978-82-998681-4-3 (trykt)
ISBN 978-82-998681-5-0 (ebok)

9 788299 868143